忆乐岭

本书编写组 编

诗人有一句话说："有的人活着，他已经死了；有的人死了，他还活着。"乐岭虽已离去三年，但他并未走远，他的音容笑貌仍然时常闪现在我的眼前，时而看到他快步如飞下班后往家赶的情形，脸上永远带着一丝歉意，认为自己又回来晚了；时而又看到他伏案疾书，认真准备讲话稿的背影；当我在电脑前就坐时，仿佛听到他"又忘了你的高血压了。"的提醒声。在我的感觉里，他没有走，永远都不会走，他就在我身边，陪伴着我，还是那样忙着……我总是在房间悄悄做事，害怕弄出声音打扰他的思考或睡眠。总之，他的身影永远刻在了我的记忆里，难以忘却，难以抹去。乐岭的精神，乐岭的品格，乐岭的音容笑貌永在！

山东大学出版社

图书在版编目(CIP)数据

忆乐岭/《忆乐岭》编写组编. —济南:山东大学出版社,2016.6
ISBN 978-7-5607-5561-8

Ⅰ. ①忆… Ⅱ. ①忆… Ⅲ. ①张乐岭(1941—2011)—纪念文集 Ⅳ. ①K825.46—53

中国版本图书馆 CIP 数据核字(2016)第 147942 号

策划编辑:姜　明
责任编辑:姜　明
封面设计:张　荔

出版发行:山东大学出版社
社　址　山东省济南市山大南路 20 号
邮　编　250100
电　话　市场部(0531)88364466
经　销:山东省新华书店
印　刷:济南华林彩印有限公司
规　格:720 毫米×1000 毫米　1/16
13.25 印张　6 插页　160 千字
版　次:2016 年 6 月第 1 版
印　次:2016 年 6 月第 1 次印刷
定　价:32.00 元

张乐岭先生（1941年2月—2011年10月），山东大学原党委书记，中共党史和科学社会主义理论研究专家、教授。

中学时代的张乐岭先生

张乐岭先生在认真研读会议材料

张乐岭先生在九届人大三次会议期间接受《经济日报》记者采访

张乐岭先生在山东大学办公室

2002 年张乐岭先生参加第九届全国人民代表大会第五次会议时留影

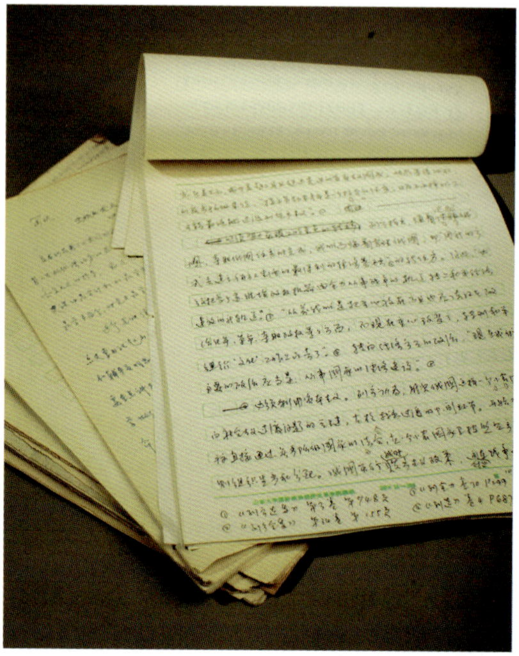

张乐岭先生手稿

张乐岭先生撰写和主编的部分著作

大学毕业后，大学同学相聚

和大学同学李积祥（中）、
刘玉良（右）合影

大学毕业照（后排左二为张乐岭先生）

张乐岭先生（后排左一）在中央党校和部分同学合影

张乐岭先生（右三）在一次博士论文答辩会上

张乐岭先生（前排中间）和学生部的部分同事在一起

张乐岭先生和父母在一起

张乐岭先生（后排左一）及
三位兄长与母亲合影

张乐岭夫妇结婚照

张乐岭先生和女儿在一起

1998 年张乐岭夫妇与女儿在一起

1994 年张乐岭夫妇与儿子在千佛山留影

张乐岭夫妇与孙子在山东大学校园

1998 年张乐岭先生与夫人在上海

张乐岭先生在家翻阅资料

序　一

赵明义

转瞬之间,乐岭同志已离开我们三周年了。悲痛之中时有对他的一些回忆。

我和乐岭同志具有多层的关系:他是我的学生,是师生关系;他是我的同事,在科社系从教期间和任博士生导师之后又在同一学科工作,用革命年代的话来说我们是战友关系;他是山东大学的领导,我是山东大学的老师,当然他也是我的领导,又是领导和被领导的关系。所以,他的离世令我格外悲痛。

乐岭于1961年秋来到山东大学政治系政治学进行专业本科学习。他入学一年后,即1962年9月1日我由中国人民大学调入山东大学任教。记得是一年后给他所在的年级讲授专业课——“马克思主义政治学和马列经典著作选读”。那时上课前都要点名,当我点到张乐岭的名字时,一个帅气、精神而又憨厚的小伙子应声而起,给我留下了比较深刻的印象,至今我仍记忆犹新。再有,给我印象深刻的就是课堂提问,当我让他把我刚刚讲过的内容简要复述一下时,他不仅能不紧不慢地把问题精确地复述一遍,还提出了自己的看法;教学中的一个重要环节就是课堂讨论或小组讨论,乐岭并不抢着发言,但每次的发言确实是经过深思熟虑的,所讲内容深刻而又有逻辑性，还有他自己的独到见解，这让我觉得他是一个专心听讲并能认真思考的好学生。

乐岭，才思敏捷，思维能力和研究能力很强，又是一个完美主义者，文章不写则已，写就写得深刻且有新意，文字特别讲究，反复修改，字酌句斟，自己有一点不满意绝不送出发表。我们读他的遗著《科学社会主义研究论稿》，就可以清楚地体味到他做学问的严谨风格。由于我和他有实际的科研合作，所以对此体会更加深刻。在我主编的全国第一本《科学社会主义》（山东人民出版社 1981 年版）教材中，他承担了“正确处理人民内部矛盾”一章的撰稿。当他将近 3 万字的稿本交给我时，我第一眼看到的就是那刚劲有力且清秀的行书文字，字迹工整，卷面整洁；当我审定他的文稿时感觉酣畅淋漓，行文如流水，几乎没有多余的字句；更重要的是他在阐述“毛泽东创立的正确处理人民内部矛盾”的学说时，思路清晰、观点正确、资料翔实、思想深刻、新意迭起、逻辑论证有力。整个文稿我只在个别地方稍加修改，就完成了定稿工作。上世纪 80 年代初，我同他和杨尊明老师合作写了一篇论文——《论马克思主义关于社会主义社会的理论在中国的运用和发展》，全文 15000 多字，三个部分，乐岭撰写第二部分，即“马克思、恩格斯和列宁关于社会主义社会矛盾理论在中国的运用和发展”。由于对这个问题他有专门的研究，造诣很深，所以他完成的部分质量很高，合作非常成功。

我同乐岭在科社学科共同指导博士研究生的过程中，乐岭长于别人之处也给我留下了较深的印象。他对学生的态度突出地体现了教学相长、师生平等的精神。他在开题报告、论文答辩过程中提出的意见和问题十分中肯，一言中的，甚至比较尖锐，但态度十分谦和，使学生没有过大压力，容易接受。学生有不同意见和他讨论时，他没有居高临下的傲慢和似乎真理都在自己手里的习气，总是耐心倾听学生的意见，同时简明地讲一些有说服力的道理。乐岭既是校党委书记又是博士生导师，但他和同事们相处时，不论是他的老师，还是他的同龄人和学生，他都平等待人，对他人都很尊重，没有职务上的优越感。和他研究工作或讨论学术问题时，都觉得气氛融洽、心情舒畅。乐岭卸任党委书记之后，曾担任一段时间的"国家教育部山东大学当代社会主义研究基地"主任，我是名誉主任和学术委员，和他在一起工作时也有些较深刻的感受：一是日常工作中都是按规范的制度运行，办公会制度如期举行，基地的问题都是在办公会议上认真讨论决定，从不个人决定重大问题；二是基地的资源比较多，但他从不利用这些资源为个人所用；三是基地的中心任务是学科建设，对此他抓得很紧，成绩显著。

乐岭同志作为山东大学党委书记表现出来的优秀品质，在其逝世时的生平介绍中作出了贴切的评价："他作风民主，宽厚待人，团结同志，乐于倾听不同意见，密切联系群众，关心和爱护干部。他胸怀坦荡，光明磊落，无私无畏，勤勤恳恳，任劳任怨。他严于律己，清正廉洁，生活俭朴，一身正气，保持了共产党员的光荣本色，备受师生员工敬重。"

今天，我们在纪念他逝世三周年时，不论是他的学生、他的老师、他的同事还是他的亲朋好友，包括我这个80多岁的老者在内，都会从各自的体会中回忆起许多他优秀品质的具体表现，都会很敬重他，都能从他身上学到很多东西，以修正自己，提高思想道德素质。

2014年10月

序　二

张福山

在乐岭先生三周年祭日到来之际，我向老郭同志及全家建言，应当约请家人及亲朋好友写一些文章汇集成册，以示缅怀。自2014年清明节着手筹稿至7月份初稿完成，仅用了短短三个月时间，足见大家对乐岭先生的一片热忱和深情。

我拜读初稿之后深受感动，每位作者都能够怀着崇敬的心情，用朴实无华的语言和真挚的情感，从点点滴滴的小事忆起，真切地把乐岭先生16年的学校生活、15年的大学执教生涯、18年的高校管理经历，以及他踏实做事、坦荡做人的一生客观真实地展现给世人。文稿命题得当、内容丰富翔实而感人。这里有与乐岭先生曾经一起寒窗苦读的中学、大学同学，他们一起忆往昔"峥嵘岁月稠"，在那个火红的年代一起成长、共同进步，结下了兄弟般的情谊；有大学时代一起工作和奋斗过的师长和同事，也有他指导成才的学生晚辈，他们共同为百年山大的快速发展做出了自己应有的贡献。在文章中他们无不感念这位可敬可亲的同学、同事和师长，他一生为公、勤勉克己、尊老爱幼，其精神和品行为人们树立了人生榜样。尤其是乐岭先生的夫人——老郭同志所写一文，内容丰富感人，她把与乐岭先生之间那种同学、同事、同行、伴侣、家人、亲人甚至人生知己，几十年的情谊真切地写了出来，读来感人至深，不禁为他们一生相扶相守、相知相爱的伟大情谊而动容！

真心感谢乐岭先生的同学、同事、学生、亲朋们在乐岭先生三周年祭日之际为他所做的一切，想必乐岭的在天之灵知道还有这么多感念他的人便真可以安息了。我们现把所有文章集结成册，也算是为后人留下一笔宝贵的精神财富。

2014 年 10 月

目　录

那些年，我们在一起

点点滴滴忆师恩

亲人的怀念

那些年，我们在一起

研究中国当代科学社会主义理论的专家——张乐岭

——悼念张乐岭同志逝世三周年

魏　明

我和张乐岭同志的爱人是中学时的同学，后来又因为工作关系才和张乐岭同志有所接触。在与张乐岭同志的相处过程中，我们因志趣相投、专业相同而成为挚友，对他的人品和其他方面我亦有所了解，特别是对他的理论修养更为赞赏。张乐岭同志生前是全国人大代表、山东大学党委书记兼科学社会主义系博士生导师。教育部在山东大学设立科学社会主义理论研究基地时，他担任第一任主任。他曾出版发表了《当代中国的科学社会主义》《毛泽东邓小平科学社会主义思想比较》《把社会主义当作科学来看待》《论邓小平理论的科学体系》《科学社会主义研究》等论著。他较早地接受、掌握并阐述了马克思主义中国化两次“飞跃”的理论，尤其是对毛泽东思想和邓小平理论的研究方面提出了一系列独到的见解和观点。

在1997年党的十五大报告中，党中央正式命名和明确提出“邓小平理论科学体系”的概念，而在党的十五大之前，人们还通常把这个理论称为“建设有中国特色社会主义理论”。当时对于邓小平理论是不是真正的理论，人们还没有普遍认识和接受，这时张乐岭就发表了一系列论著，较早地对邓小平理论产生背景、产生条件、方法论基础、研究对象、历史地位等一系列问题阐述了自己的观点，这些观点至今仍然具有现实意义。

1.邓小平理论是“真正的理论”。马克思主义在产生和发展的过程中，时常受到主观主义、教条主义、修正主义等的干扰和破坏，并在实践中产生了严重的恶果，因此，搞清楚什么是真正的马克思主义理论并不是一个容易的问题。那么，要搞清楚什么是真正的马克思主义理论，就要首先搞清楚什么是真正的“理论”。张乐岭同志引用毛泽东的话说：“真正的理论在世界上只有一种，就是从客观实际抽出来又在客观实际中得到了证明的理论，没有任何别的东西可以称得起我们所讲的理论。”也就是说，“理论是从客观实际中抽出来，用以指导实际又被实际所证明的东西。”理论的成果最终需由实践检验。所以邓小平主张“不争论”，主张“拿事实来说话”。

邓小平理论作为中国进行社会主义建设的理论反映，必然使这一理论涉及社会主义建设的各个领域和各个方面，使其具有全面性、完整性。张乐岭同志把邓小平理论及其科学体系界定为：邓小平理论及其科学体系是以科学的世界观和方法论为立论依据的，围绕中国社会主义建设基本问题展开的一系列基本观点及其内在联系。这一概括包括邓小平理论的两个方面，即理论的主要内容和由内部逻辑决定的层次结构：一是有科学的世界观和方法论作为其哲学基础；二是有自己所要解决和阐述的中心问题或基本理论问题；三是所阐述的一系列基本理论观点之间是彼此相互联系的，从而形成不可分割的有机统一整体。

2.邓小平理论的特点是具有强烈的实践性和鲜明的时代性。虽然邓小平理论是集体智慧的结晶，但邓小平在这个理论的产生和发展中发挥了关键的作用。这一理论不是在书斋中或从“本本”上演绎出来的，而是在改革开放和现代化建设的生动实践中形成和发展起来的。他关于中国社会主义建设的理论思考和创造也大量地体现在解决现实问题的成果中，这使邓小平理论表现出特有的风格和鲜明的个性。但同时也往往使人们单纯地理解邓小平理论的具体的现实指导功能，而对其理论价值和科学体系产生疑惑。因此，张乐岭同志把这个问题概括为三点：第一，邓小平精通马克思主义的基本原理和基本方法，并且是善于运用这些原理和方法解决中国实际问题的大师。第二，邓小平尊重群众，善于从群众创造性的实践中进行理论思考，把群众的创造上升为理论。人民群众生机蓬勃的伟大创造是理论发展的源泉。邓小平始终站在时代潮流的前面，热情地支持、鼓励、保护和引导群众进行创造性的实践，并把群众的经验上升为理论，作出新的理论概括。第三，邓小平注重实践，注重对正反两方面实践经验的总结，坚持以实践作为检验真理的唯一标准，在实践中检验理论探索成果。张乐岭同志认为，邓小平就是我们党内总结“文革”教训提出走新路的第一人，他第一个冲破了把计划经济和市场经济视为社会基本制度范畴的思想束缚，认为计划和市场都是手段，只要对发展生产力有好处就可利用。

3.邓小平理论的逻辑起点就是搞清楚“什么是社会主义”，因为只有弄清楚“什么是”才能谈得上“怎样建”。我们建设的社会主义是从我国国情出发的有中国特色的社会主义，脱离实际超越阶段搞不成社会主义；我们建设的社会主义是有利于生产力发展、人民生活逐步改善的社会主义，贫穷不是社会主义，发展太慢也不是社会主义；我们建设的社会主义是改革开放的社会主义，僵化、停滞没有出路，封闭只能导致落后；我们建设的社会主义是物质文明、精神文明协调发展，社会主义全面进步的社会主义，物质文明、精神文明都搞好才是有中国特色的社会主义。

4.邓小平"社会主义本质论"的意义即"解放生产力，发展生产力，消灭剥削，消除两极分化，最终达到共同富裕"。张乐岭同志认为，这一科学论断从生产力与生产关系相统一的角度考察社会主义本质，纠正了过去忽视生产力发展的错误倾向，明确了社会主义基本制度建立后还要改革束缚生产力发展的旧体制、解放生产力，阐明了社会主义存在的前提和发展动力问题。这一科学论断既明确了社会主义目标，又表明目标实现是一个渐进的过程，纠正了离开生产力发展的实际要求盲目追求"一大二公三纯"的所有制结构和平均主义分配方式的"左"的政策，为调整、完善所有制结构和分配方式指出了明确方向。

5.邓小平理论是一个完整的科学体系，这个体系是由两个层次或两部分构成。张乐岭同志把邓小平理论体系概括为"精髓"和"主题"是两个层次或两个基本构成部分。第一层次是方法论基础，这又可分为思想路线和国情两部分，也就是"解放思想，实事求是"这个逻辑起点和初级阶段这个基石；第二层次是理论主题，即"什么是社会主义，怎样建设社会主义"，这里最重要的是弄清楚社会主义本质，只有弄清楚"什么是"才能谈得上"怎样建"。因此，社会主义本质论成为邓小平理论框架的轴心。"怎样建"的问题归根到底是中国社会主义建设道路问题，其指导思想主要是邓小平关于发展的理论、关于改革的理论和关于稳定的理论，这是邓小平理论的三大支柱。在党的基本路线中具体表现为"一个中心、两个基本点"。

首先，这一理论有一个科学的世界观、方法论作为其哲学基础。实事求是是邓小平观察问题的基本观点、基本方法。邓小平理论就是用这样一种基本观点和基本方法分析解决中国社会主义建设实际问题而得出的科学结论。因此，实事求是成为这一理论的精髓和活的灵魂，成为贯穿理论始终的一条中心线索。其次，这一理论有自己特定的研究对象，即研究客体。这就是在中国这样一个经济文化比较落后的国家如何建设社会主义，如何巩固、发展社会主义的问题。这是邓小平理论的主题。再次，围绕理论主题形成了一系列相互联系的基本观点。这些基本观点贯通哲学、政治学、经济学、科学社会主义等几个科学领域，涵盖经济、政治、科技、教育、文化、军事、外交、党的建设等各个方面，构成了比较完备的体系。

6.社会主义思想发展史上第三次飞跃的实质。经济文化比较落后的国家，在革命胜利、确立社会主义基本制度之后，如何建设社会主义，如何巩固和发展社会主义的问题，是一个十分复杂、非常困难的历史性课题。关于经济落后国家确立社会主义制度后的建设道路探索，从列宁到毛泽东，尽管都取得了很大成绩，但都没有获得突破性进展，没有完成社会主义从革命到建设的转变。

1978年十一届三中全会后，以邓小平为核心的中国共产党第二代领导集体，认真地总结了几十年社会主义革命和建设的经验教训，全面地分析了国内外形势，切实地从国情出发，适应时代的要求，在社会主义现代化建设和改革开放的实践中，冲破了传统社会主义观念，逐步确立起建设有中国特色的社会主义道路，形成了建设有中国特色的社会主义理论，第一次解决了如何建设社会主义，如何巩固和发展社会主义的问题，继社会主义由空想到科学，由理论到现实的两次飞跃之后，实现了社会主义思想发展史上的第三次飞跃。张乐岭同志认为，这次飞跃的实质是：从理论与实践的结合上解决了社会主义社会自身发展的内在动力和运行机制，找到了社会主义制度自我发展、自我完善的方法和途径，具体地解决了在经济文化落后的东方大国，建设、巩固和发展社会主义的问题。

7. 马克思主义在不同的历史发展阶段上虽然有着不同的内容和不同的理论表现形态，但根本的方法论原则有着本质的一致性。

邓小平建设有中国特色社会主义理论同所有科学理论一样，都不会在空地上建立起来，必须吸收和利用前人的思想资料，概括和借鉴以往的实践经验。邓小平建设有中国特色社会主义理论来源是马克思列宁主义、毛泽东思想，它同马克思列宁主义、毛泽东思想同属于无产阶级的思想体系，是这一思想体系在不同历史阶段上的不同的理论表现形态。三者有着共同的阶级基础和哲学基础，其立场、观点、方法在本质上是一致的。

那么，马克思列宁主义、毛泽东思想的根本观点和根本方法是什么？那就是：解放思想，独立思考，实事求是，走自己的路。这也正是邓小平理论的根本观点和根本方法，是邓小平理论的精髓所在。邓小平强调，一方面"老祖宗不能丢"，另一方面又要结合社会主义建设的新的实践经验和新的时代要求，用新的思想观点发展马克思主义，说出一些老祖宗没有说过的符合客观实际的新话。邓小平正是在新的历史条件下，把解放思想和实事求是统一起来，把继承、坚持同发展、创新统一起来，开拓了马克思主义的新境界。

8. "一国两制"科学构想的理论贡献。"一国两制"理论为祖国和平统一的千秋大业和中华民族的全面振兴提供了新的依据，开辟了新的途径。

这一理论是邓小平建设有中国特色社会主义理论不可分割的重要组成部分。张乐岭同志高度评价了这一科学构想，并认为这一科学构想的理论贡献表现在：第一，创造性地将马克思主义基本原理与中国的历史和现状相结合，提出了实现祖国统一和推进我国现代化建设的最佳途径；第二，创造性地运用了马克思主义的战略策略思想，体现了原则坚定性和灵活性的高度统一；第三，发挥和发展了马克思主义统一战线理论，注入了新内容，开辟了新领域；第四，创造性地运用和发展了马克思主义国家学说，并在国家职能、属性和结构模式等方面增添了新的内容。

9. 邓小平理论的历史地位。作为一位理论工作者，张乐岭同志对于邓小平理论的研究倾注了大量的心血，他对邓小平理论的历史地位给予很高的评价。

首先，邓小平理论是来自于实践、并被实践证明了的真正理论。按照马克思主义的理论观，理论是从客观实际中抽出来，用以指导实际又被实际所证明的东西。因此，理论离不开实际，离不开实践主体人民群众的创造。而“从客观实际抽出来”的方法，应当是马克思主义的方法，即以马克思主义的基本原理，马克思主义的立场、观点、方法为指导，对客观存在的事物进行科学的分析和综合的研究，从中引出规律。邓小平建设有中国特色社会主义理论最充分地体现了马克思主义理论的上述特点。

其次，邓小平理论是对马克思列宁主义、毛泽东思想的继承和发展。邓小平指出，马克思列宁主义、毛泽东思想的精髓是实事求是。粉碎“四人帮”后，邓小平以无产阶级革命家勇于开拓的精神和科学态度，重新确定并发展了毛泽东倡导的马克思主义思想路线，向全党发出了“解放思想，实事求是”的号召。邓小平在坚持毛泽东提出的“实事求是”前面又加上“解放思想”一词，使党的思想路线更加科学和严密。由此，邓小平倡导的解放思想，与毛泽东倡导的实事求是二者有机结合，成为建设有中国特色的社会主义理论的精髓。邓小平理论与马克思列宁主义、毛泽东思想一脉相承主要表现在：第一，都是以历史唯物主义为理论基础；第二，都是以社会主义为主题，比如列宁的新经济政策和毛泽东对社会主义建设的探索成为邓小平理论的重要内容或理论生长点；第三，基本原理和基本观点存在继承和发展关系，如整个社会主义历史阶段的中心任务是发展生产力；第四，理论的基本风格和基本特点相同，马克思的整个世界观不是教条而是方法，马克思主义和邓小平理论都是发展的科学。

再次，邓小平理论是具有中国民族特色的中国化的马克思主义。邓小平理论是在中国这块土地上产生的。中国社会主义建设的历史经验，中国改革开放和现代化建设实践直接为这一理论的形成提供了历史的和现实的依据。这一理论反映了以邓小平为代表的中国共产党人，从中国实际出发，对社会主义的理论思考，是几十年来中国共产党人对社会主义建设道路探索的伟大成果。

最后，邓小平理论是有鲜明时代特点的当代马克思主义。邓小平指出，和平和发展是当代世界两大主题。随着时代主题由战争与革命向和平与发展的转换，苏联发展模式愈显僵化了。因此，如何适应时代主题转换和科学技术迅猛发展的历史条件，赶上时代，创造新的模式，寻找新的发展道路，实现社会主义从革命到建设的转变，就成为社会主义面临的一个历史性课题。为了回答“赶上时代”这一历史性课题，邓小平提出了“抓住机遇，发展自己”的战略思想。按照这一战略思想的要求，邓小平强调：第一，必须相应地调整我们的对外政策，为我国一心一意搞建设争取有利的国际环境。第二，必须实行对外开放。今天的世界是开放的世界，任何一个国家要发展，孤立起来闭关自守是不可能的。因此，邓小平提出了全方位大开放的对外开放理论，把对外开放作为建设有中国特色社会主义的一项基本国策。第三，必须重视科学技术和教育。当今国际竞争越来越表现为以经济、科技为重心的综合国力之争。振兴经济关键是振兴科技。邓小平提出"科学技术是第一生产力"的伟大思想，指出发展教育事业、提高全民族素质是我国建设的根本大计。

张乐岭同志认为，邓小平理论对马克思主义的科学社会主义理论有历史性的重大突破，主要体现在：一是社会主义初级阶段论，这是邓小平理论的逻辑起点；二是社会主义的根本任务是发展生产力，计划和市场都只是手段；三是形成以生产力标准为核心的"三个有利于"标准论，这是衡量建设和改革是非得失的标准；四是社会主义本质论，这是邓小平理论的必然取向。

邓小平理论作为马克思主义同中国当代实践和时代特征相结合的产物，是当代中国的马克思主义，是继毛泽东思想之后马克思主义在中国发展的新阶段，是继社会主义由空想变为科学和十月革命使社会主义由理论变为现实以后的第三次历史性飞跃。实践已经证明并将继续证明，这一理论是指导中国人民建设有中国特色社会主义的"主心骨"，是保证中国在改革开放中胜利实现社会主义现代化的正确理论。在当代中国只有这一理论而没有别的理论能够解决社会主义的前途命运问题，也只有邓小平理论才是中华民族伟大复兴的指南。当然，马克思主义在不同的历史发展阶段上有着不同的内容和不同的理论表现形态。尽管邓小平理论体系已是"比较完备的科学体系"，但仍是一个"需要从各方面进一步丰富发展的科学体系”;邓小平理论是一个发展的理论,实践在发展,这个理论就需要在新的实践基础上,不断增添新观点、新内容。

张乐岭同志从事科学社会主义理论研究几十年,知识渊博,政治性强。他研究这个来自于实践、又指导实践并被实践证明了的“真正的理论”——邓小平理论,把科学社会主义思想史的研究工作,尤其是邓小平理论的研究工作同人民群众的实践及其经验紧密结合起来,这无疑是马克思主义历史唯物主义的研究方法。因此,他是名副其实的当代中国科学社会主义理论专家。我们应好好学习他的著作和文章,提高对有中国特色社会主义理论的认识,努力干好本职工作,为实现“中国梦”贡献应有的力量。

参考文献

张乐岭:《论邓小平理论及其科学体系》,载《文史哲》1997 年第 6 期。

张乐岭:《“一国两制”科学构想的理论贡献》,载《山东大学学报》(哲学社会科学版)1997 年第 3 期。

张乐岭:《邓小平对建设有中国特色社会主义道路的伟大探索》,载《发展论坛》1997 年第 3 期。

张乐岭:《科学社会主义研究论稿》,人民出版社 2012 年版。

永远的怀念

张象钦

张乐岭同志离开我们已三年了。乐岭同志逝世时,因我不在国内,未能送他最后一程,至今仍是我心中最大的遗憾。每当想起他,仿佛觉得是在做梦,真不敢相信他的确走了。乐岭同志的身体向来很好,特别是他的腿脚特别轻快,走起路来总像小跑一样,年轻人都有点跟不上。工作起来,更是没白没黑,不知疲倦。对他突然得了重病的消息,开始时多数人都不敢相信,他自己更是没有思想准备。在他得病初期我去看他时,他说:“没什么,吃点药,多走走,相信很快就会好起来。”他依然和我谈了很久。可令人想不到的是,他的病却日趋严重,不得不住进了医院,不久他就陷入了深度昏迷。据去看他回来的同志讲,他已失去了意识。但我去看他时,虽然他已不能说话,我认为他的头脑还是清醒的。因为我几次看到他的嘴唇微动,像是有许多话要跟我说。有一次,我还发现他的眼角竟渐渐湿润,一定是对目前的状况十分焦虑,我只好猜测着独自跟他多说了一些安慰的话。走出病房,我再也抑制不住内心的悲伤,泪水夺眶而出。我是多么希望能有奇迹出现,让他尽快好起来,再次聆听他的教诲啊!实在舍不得这样一位好的领导、恩师和兄长离开我们。

张乐岭同志一直是我尊敬的直接领导。1987 年初,学校调我到刚刚恢复的党委学生工作部工作，张乐岭同志当时任分管宣传和学生工作的党委副书记，是我的顶头上司。他任党委书记后，我也是他的助手。他高超的领导才能和优秀的政治品质给我留下了深刻印象。他政治坚定、头脑清醒。他常说：工作失误必须纠正，但党的政权不能丢。在面对严峻的局面时，他总是能勇敢地面对。他驾驭大局、锐意改革的能力强。在分管学生工作时，他要求我们要着重抓好学生教育和管理工作的制度建设。他指出，要遵法律处事，以制度管人。同时，他强调工作作风一定要踏实，要关心爱护学生，切实维护好学生的合法权益，并要注意发挥好学生干部队伍的作用。他在任党委书记期间，在抓好日常工作的同时，着重推动了全校干部队伍的建设。建立了干部的考核和定期轮换制度，培养选拔了一批德才兼备的新人。在行政工作方面，他支持校长始终抓紧教师队伍的建设，使教师队伍的年龄结构不断优化，学历层次有了很大的提升。另外，他还支持校长果断地推进了机关行政人员的精简和优化，显著地改善了工作作风，激发了全体干部的工作活力。张乐岭同志十分重视党的作风建设，自己更是清正廉洁，可以说是一尘不染。刚认识他时，他身为学校的党委副书记，没有自己的单独办公室，办公桌就安在宣传部十几个人共用的大房间里。对各种不正之风，他更是疾恶如仇，从不手软。记得有一次，校内一个企业的负责人到我办公室送给我100元钱的购货代用券。我怎么拒绝都无效，他放下就走了。我感到这件事十分不妥，在告诉了纪委书记后，又到了张乐岭同志办公室，正碰上他在批评那位企业负责人。张乐岭同志平时跟人谈话总是和颜悦色，但这一次却涨红了脸，显得十分严厉。最后责令这个人把购货券全拿了回去。张乐岭同志对工作认真负责、敢于担当，但对名誉地位却视若草芥，多次主动退让。记得有一年，教育部给我校下达了一个先进人物的评选指标，他主持召开了全校中层干部会议让大家推荐。会上，多数人推荐的是他，他却一再推让，说服大家推荐了另外一人。

张乐岭同志又是我成长的恩师。他毕业于我校政治系，对党建和科学社会主义理论有着深入的研究，理论造诣很深。而且他非常勤奋，肯于学习。每天晚上，他办公室的灯光总是亮到很晚，要么是他在给研究生上课，要么是他在看书学习。这一点深深地影响着我。大学期间我学的是理科，总觉得在人文社科知识方面需要补的课太多。面对这样的好老师，自然很高兴。我在学生工作部工作时，每逢写点稍重要点的东西，总要拿给他帮我把把关，他也总是不厌其烦地帮我修改。对一些不理解的理论问题也总喜欢向他请教，他对马克思主义基本理论的熟练掌握，以及对一些社会热点问题的独到见解，时常令我茅塞顿开。记得在改革开放初期，社会上对邓小平提出的社会主义初级阶段理论争论较大。有人认为这一理论违背了毛泽东思想，是在走回头路。张乐岭同志多次组织大家对此进行了学习讨论。他指出，这一理论不但符合我国的国情，而且也是对毛泽东思想的继承和发展。他熟练地背诵了毛主席关于我国的社会主义还处在“过渡阶段”、我们的“社会主义还未建成”的论述，并准确地指出这些论述出在毛泽东著作的哪一卷、哪篇文章中。他对问题的精辟分析和对毛泽东著作的熟练掌握，令大家十分惊叹。

张乐岭同志还是我可亲的兄长。他作风民主，宽厚待人，不摆架子，和蔼可亲。凡熟悉他的人，无论年龄大小，也无论是做什么工作的，见到他都喜欢跟他说说话。他长我四岁，又是我的直接领导，我一直把他视为兄长。不管遇到什么事，包括个人的私事，总喜欢征求一下他的意见。他对我更是关怀备至，对我的教育帮助涉及工作、生活、为人、处事的方方面面。每次，不管他是表扬我还是批评我，总让我有种亲切的感觉。他对其他人，特别是校部机关里的年轻人的关心帮助也十分真诚、周到，而且很具人情味。记得有一次，我向他反映了机关一位年轻人由于失恋情绪不高的问题，他随即找这个年轻人谈了心，并把他领回家给他做了一顿可口的家乡饭，使他感受到了父母般的关怀。后来这个青年人很快振作起精神，工作一直很好。

张乐岭同志离开我们快三年了。但他的音容笑貌仍不时浮现在我的眼前。我什么时候都不会忘记这样一位好的领导、恩师和兄长。以现代人的健康状况衡量，虽说他走得过早，但他实现的人生价值却是很多人不能相比的。他那对党、对社会主义制度无限忠诚的政治觉悟，为祖国、为人民勤奋工作无私奉献的献身精神，对学术刻苦钻研、勇攀高峰的深厚造诣，对同志以诚相见、宽厚待人的坦荡胸怀，以及清正廉洁、一尘不染的浩然正气，都是为我们留下的宝贵财富。我们对张乐岭同志最好的纪念就是向他学习，努力做一个像他这样的人。

追思张乐岭同学

闫孟安

1958年，我和乐岭一同考入泰安第二中学高中部，成为高中三年的同班同学。泰安二中位于风景优美的泰山脚下，原是一所省属中等学校，校内有两座三层教学楼和六排单层学生宿舍，还有大礼堂、图书馆以及规范化体育场。校内所有建筑都是青砖青瓦，整体排列有序、布局合理，校外还有大片的试验田。这样好的学校，在当时的条件下是少有的，能在这样的学校中读书我们都感到舒心和兴奋。

1961年高中毕业后，我和乐岭都以优异的成绩考入山东大学，他被政治系录取，我就读于生物系。他四年毕业后留校任教；我五年毕业，毕业前赶上“文化大革命”，多留校一年，分配时也留在了济南，在一家省级科研单位工作。因此，我和乐岭在同窗共读三年之后，又在近50年里，每年都有机会相见共叙。虽每次见面时间有长短，但每次都非常开心，有说不完的话。如果时间一长不能见上一面，就感到非常想念。几十年的相遇相知让我们结下了深厚的兄弟情谊。

乐岭在山东大学学习工作近50年，几十年如一日刻苦学习，勤奋忘我地工作，在教学、科研、政务等各个方面都取得了突出的业绩，成了知名专家和高校主要负责人，这让我非常钦佩，常常为有这样的老同学而感到荣光。

然而不幸的是，正当他还有余热需要发挥，晚年的幸福生活才算是开始时，他却被病魔夺去了宝贵的生命，永远地走了。乐岭离开我们已经两年多了，但每想到此，仍是两眼模糊，不能自已。

今年是乐岭逝世三周年，我回忆了与他在高中三年学习和生活的往事，记录下来，以表达我对他深切的怀念和追思。

首先，乐岭是一位很会学习的人。他各门功课都很优秀，这除了他天资聪颖外，更主要的是他喜欢读书、刻苦钻研、勤于思考。他酷爱文学，但不偏科，学习方法对头，善于和同学交流，弄不明白的问题及时向老师请教。各门功课，他学得都很扎实。课余空闲之时，他还喜欢读些文艺类、诗歌类的书籍。学校有了广播站和黑板报，他经常投些稿件；他还喜欢书法，自己时常练习，能写一手清新秀丽的字。

乐岭在为班级服务和团结同学方面，也做得非常出色。他是班里的生活委员，在当时的班委委员中，生活委员是最忙碌的人。因为当时是在国家三年经济困难时期，口粮实行严格的按人定量，高中学生每月只有 29 斤口粮，有一段时间只有 27 斤，其中只有 2 斤细粮。每月按定量买成饭票，菜是大锅煮白菜，需用菜票买。一日三餐需提前一天预订，生活委员要把同学们交的饭菜票收好，数字登记好，然后到食堂管理股把全班总的数量预订上，同时交上相应的饭菜票。开饭时，值日生把全班饭菜领来，再一份份分发给每个人，麻烦得很。如果出了差错，就会影响到某个同学的就餐，所以生活委员是全班最忙碌的人。由于乐岭工作认真仔细，饭菜票从没出现过差错，为此占用了他不少的课余活动时间或自习时间，但他从没有怨言。有时某位同学生了病，吃不下原来预订的粗粮饭，他就会帮这位同学到食堂做份病号饭。如果有谁误了订餐，他会主动到食堂帮这位同学补份饭。乐岭热心为全班同学服务的精神受到同学们的赞扬。三年间，他没有与哪位同学闹过矛盾吵过嘴，也从没有听见他说过一句脏话，他做到了与每一位同学和睦相处。

乐岭在参加集体劳动方面也是积极分子。高中三年我们多次参加校外义务劳动和校内勤工俭学劳动。校外劳动主要是到农村帮助农民夏收夏种、秋收秋种，一般只占用一至两天时间，但在支援黄前水库建设中却占用了半学期的时间。记得第一次下乡劳动是参加麦收，同学们刚到麦地时都显得很兴奋，有说有笑。但麦收开始后干了不足两个小时，就都累得不想说话了，有的人手上还磨出了水泡。因为当时是用手拔麦子，手上出了水泡就很难再坚持了，只好去做捆麦一类的活。乐岭手上同样也磨出了水泡，但他仍然咬牙坚持拔麦，直到把整块麦地收完。他和部分同学这种顽强的表现，受到了在场农民大爷大叔们的赞扬。

在参加建设黄前水库时，乐岭更是表现出不怕苦不怕累的顽强精神。要建的黄前水库是一个大型的水利工程，当时施工机械很少，主要靠人工，用人海战术，参加的主力是农民兄弟，有上万名。为了加快工程进度，在雨季到来之前将坝筑到保险高度，工程部从泰安的大专院校和中学中抽调部分学生前去支援，我校部分高中生也被抽调。那是1960年夏季，我们在读高二，全班除病号外全部参加。到达工地后，女生和体格弱些的男生被安排去刨土，往车上装土或去拉车；体格壮的男生被分配去推独轮小车，往坝上运土。乐岭的年龄是班上较小的，体格也不算强，但他却主动要求去推小车，并被批准。开始大家虽很卖力地干，但终究这是重体力活，干得都很吃力，特别是推车的同学，一上来把小车推得东倒西歪，车内的土装的也不多，除了需有人拉车外，还要有人在旁边扶着。就这样干了几天后，大家都慢慢熟练了，车旁没有人扶车也能自由驾控。乐岭是其中熟练最快的人之一。说到这里联想到乐岭在大学毕业时写的毕业论文《犁田中的必然与自由》，其事例与此是何等的相似。驾车熟练了，但却越来越累，因为车内装的土也越来越多，运土时爬的坡也越来越高，拉车的人由一位增加到两位，仍然都很吃力。而且这种超重体力活要干十多个小时，白天干一天，晚上还要加班干，连常年干体力活的农民兄弟都叫累，对我们这些青年学生来说更是累。而且，工地上有时还要组织“打擂”，就是比谁的车土装得多，比谁推的车跑得快。干一天下来累得路都不想走，坐在地上就不愿再动。不少人脚底板上磨出了水泡，晚上逐个把水泡刺破后再睡，睡一夜后，第二天仍感到疲乏。虽然干的活重，但伙食却很差，每天吃的就是玉米面或地瓜窝窝头，菜也是大锅煮白菜。这种超负荷的劳动和艰苦的生活条件，在现在的中学生看来几乎是不可想象的。当时有句口号叫“累不累，苦不苦，想想红军（长征）二万五”。可见，在艰苦的条件下想要做成事，特别是做成大事，是需要顽强的精神力量的。乐岭在近两个月的建水库劳动中，一直在坚持推车运土，没掉过队，没请过假，表现出了不怕吃苦、不怕劳累的顽强毅力。参加修水库占用了我们半个学期的时间，对学业有一定的影响，但所受到的锻炼，是一笔宝贵的精神财富。

2003 年 2 月 7 日，乐岭和我们在济南的几位同学去泰安给老师和同学们拜年，途中路过黄前水库，看到宏伟的水库大坝和坝内满满的库水，他不由感慨地说：“黄前水库现在是农业用水和城市用水的重要水源地，能发挥这么大的经济效益，40 多年前我们在这里修水库时吃苦受累太值得了。”我们几位也有同感。

在文体方面，乐岭虽然也喜欢，但没有突出的特长。他爱看电影，星期天有时间就约同学去电影院看。当时文艺节目匮乏，能看场电影就算享受一次文艺大餐了。在体育活动时乐岭是很认真的，是体育场上的常客，学校曾开展由学校到北京的幻想跑，每天要跑5000米以上，因为当时口粮定量，营养不足，每天跑下来很是吃力，有的同学为节省体力就虚报跑的路程，但乐岭不做这种事。他每日早起，星期天早上也不例外，沿着山坡路跑完规定的路程。现在想来，真不知当时他是怎样坚持下来的！

高中毕业前夕，军校到我们学校招生，海陆空三军都有招生名额，招生数量也大，当时我们班已不足40人，就被招去12人。乐岭很崇拜军人，向往军营生活，他争先报了名，但因色盲，体检不过关，未能如愿，他当时很羡慕被军校招走的12名同学。军校去不成，他在报考高考志愿时又因色盲在理工科也受到限制，只能选择文科。高考结束后，他第一批被山大政治系录取，成为我们班及我们学校的文科高考状元。

上面的回忆只是乐岭在高中三年时的部分学习和生活内容，但足以展示出他是位德、智、体全面发展的好学生，是毛泽东时代的优秀青年。乐岭在为国家和党的事业出色地工作几十年后，带着一身的疲倦到天国休息去了，却给他的亲人、同学、同事和朋友留下了无限的悲伤和深切的怀念。但他也把自己的学识，对党和人民的忠诚，把勤勤恳恳、任劳任怨的工作精神，以及关心他人、团结同志、顾全大局、清正廉洁、生活俭朴、一身正气的高尚品质，留给了他的亲人、学生和好友们。就此意义而言，乐岭永在！

怀念张乐岭同学

葛宝森

两年前当同学在电话里告诉我乐岭去世的消息时，我立即不能自已，潸然泪下。夫人见状问我："你怎么了？"我告诉她："乐岭去世了。"悲痛之情，溢于言表，日里梦里，容颜犹在。乐岭的音容笑貌宛如昨日而天地之隔，痛何如哉？悠悠苍天，何其有极！

乐岭忌日三年之时，回忆近60年同学之谊、兄弟之情，一如昨日。而今他竟先我而去，我情何以堪？

追忆同窗共学之时，思绪万千，时光仿佛回到了我们的中学时代。

1955年，我们考入泰安二中读书。我们所在的班级是初中三年级2班。乐岭的座位号是4号，我的座位号是5号，故我和乐岭并肩同桌学习，我们的友谊也就从此开始。1958年我们又一同考入泰安二中的高中，所在班级是高中六年级2班，直到高中毕业。六年的同班同学，从少年到青年，这是一个人一生中最美好的年龄，也是我和乐岭友谊日益加深的六年。我们常常提到鲁迅赠瞿秋白先生的一副对联——"人生得一知己足矣，斯世当以同怀视之"，以勉励我们的友谊。

1961年秋季开学的时候，泰安到济南的火车票买不上，闷罐车也挤不上。因为我们学校开学晚，所以我有时间送乐岭去山东大学上学，我们坐部队吉普车经肥城、长清到济南火车站，然后坐山东大学的校车去学校。

六年的共同学习、共同生活的日子结束了，无限的惆怅袭上心头，好同学分手各奔东西，心里倍感凄凉。好在还有寒暑假，还可以写信，见面的时候也是常有的。与乐岭最后一次见面是1964年底或是1965年初，当时他正与山东省委谭启龙书记在曲阜工作，请假到泰安与我小住了几天，相见时的高兴可想而知。

我们的中学时代与今天的中学生有很大的不同，那时的国家政治运动一个接着一个，再加上三年经济困难，我们全都碰上了。这一切无不与学生的思想、生活发生着关系。人们天天纠结于先进与落后、红与专、积极与消极的关系之中，各种各样的“帽子”时常会落到学生头上，如果写进学生的档案里可就很严重了。当时一个扭曲的现象也时有发生，现在叫打小报告之类。极个别的班干部会去老师那里打小报告，以示自己先进。这让大多数同学反感。但乐岭同学从不以此表示自己的先进，他从不到班主任那里去表功。他对我说：“这些事很无聊，小孩子说错句什么话，表现不出先进与落后，况且社会上的事多了，说一句有什么了不起？”我记得很清楚，有时候班主任批评学生时，有时会说出“反动”两个字来。但乐岭从来不说那些不中听的话，不扣帽子，不伤害同学们的感情。对所有同学，他都一视同仁，没有偏见，不拉一帮打一帮，而是与同学们和睦相处，这是我喜欢他的根本原因。至今想起这些事来，总感得到他当时是不是成熟得太早了一些。

我与乐岭也经常讨论一些社会现象，讨论的那些问题没有什么不对，但当时的环境却是不能公开说出来的，否则那是很麻烦的。每次讨论过一件事之后，乐岭总是半开玩笑地提醒一句：“不要胡说。”

我们那一代的中学生是热爱党、热爱新中国的，只不过当时中国的运动太多，许多事容易让人困惑。例如反右派、反右倾、“大跃进”等运动，这些困惑当时没人能够说清楚，但正是由于我记住了乐岭的“不要胡说”才免除了多少的人生烦恼，直到30多年前开始的改革开放，邓小平才使我们这些人的许多困惑逐渐释怀，而当时这些困惑是我与乐岭经常讨论但又难以说得清的问题。

中学时代的乐岭总是朝气蓬勃，快快乐乐地学习和生活，我从未见过他垂头丧气。我们那代的中学生遭遇了国家三年经济困难时期，现代的青年人根本想象不到那时我们的物质生活是怎样的，但是我们仍然充满朝气地生活着。那时候什么运动都有政治口号，例如锻炼身体也是如此，每天早上要进行几千米或上万米的“接力北京”跑，那时乐岭总是早起跑步完成任务，想到当时的营养不良，这简直就是个奇迹。

高中三年，生活困难，乐岭是班里的生活委员，他工作认真，饭票、菜票从不出错。他很关心同学，比如说有谁生病了，他就找女同学到伙房去做份面条，或想办法买份细粮饭送给这位生病的同学。

晚自习后伙食管理股的同志常找乐岭去帮忙，他总约上我一块去，工作人员累得睡觉了，我们就把他们交给我们的饭票、菜票、菜牌子，甚至有时把放得乱七八糟的钱也让我们整理并登记。

乐岭中学时代喜欢文艺书，尤其喜欢诗歌，但他没有写过诗。学校的广播、黑板报、油印小报都要各班按规定供稿，我与乐岭的稿子都是署名两个人的，我喜欢写打油诗，因为乐岭喜欢读诗而不写，所以我写了打油诗就同时署上乐岭的名字。现在想起这事来也觉得挺好玩的。毕业时他把他很喜欢的一本海涅的《新诗集》送给了我。

50多年前的徂徕山下，一条清清的小河流过一个小村庄，走出这个小村庄、走出大山的一个青年，以睿智、正直、诚信的品格步入泰安、走向省城的学校求学。我想当时他家的那一大群鸽子一定会飞到天上为他祝福。50多年后，他完成了他青少年时期的梦想，完成了他对社会、对家庭的责任离我们而去了。生者含悲，逝者长眠！我们在等待着上苍的安排，在天国我们还会相见的，乐岭不孤！

深切怀念同班同学张乐岭

张子则　郑凤琴

转眼间，乐岭离开我们整整三年了，但我们在一起学习、生活、共事的陈年往事依然萦绕于心，挥之不去……

一

乐岭是山东省泰安县崅峪公社王家庄人，1941年2月出生在一个朴实的农民家庭。1961年他于泰安二中毕业后考入山东大学政治系，同时考入政治系的有70多人。记得在新生入学教育中，大家最关心的事就是按专业分班的问题。很快，系领导根据每个同学的个人志愿通盘考虑，把70多个同学编成政治、哲学、经济三个专业班。乐岭和我们等30个同学被编在政治专业班，即"政一"，我们就成了同班同学。

在四年的大学生活中，乐岭是我们最熟悉和敬佩的同学之一。他为人正直，做事认真，学习刻苦，勤于思考，热爱劳动，助人为乐，严于律己，宽以待人……

记得在上大一的时候，我们学的都是基础课，有课本，有老师讲授，学起来比较得心应手。后来，在学习专业课的时候，情况就大不一样了。虽有老师讲授，却没有课本，就连讲义也没有。如“毛主席著作选读”“马列主义经典著作”等课程就是这样。因此，同学们学起来就不那么顺手了，而是感到费力、乏味、钻不进去。在这方面，乐岭为大家树立了榜样。首先，在课堂上他能集中精力，认真听讲，认真记笔记，而且记得比较全。课下，有不少同学都找他对笔记，补上自己漏记的内容。其次，他以课堂笔记为向导，用心反复阅读原著，由浅入深，刻苦钻研，在他读过的《共产党宣言》《法兰西内战》《路易·波拿巴政变记》《国家与革命》等经典著作上，都有不少的圈圈点点，有的还有不少眉批或旁注。再次，每读一篇经典著作之后，他都要写读后感，谈个人的心得体会或疑惑。功夫不负有心人，在读大学的四年中，每次期终考试，无论是闭卷还是开卷，他总是抢先交卷，而考试成绩几乎全是满分。为此，我曾写过一首打油诗戏弄他：“乐岭你真行，考试打冲锋。快刀斩乱麻，成绩顶呱呱！”没料到，他听过之后立马回我一首：“任凭风浪起，稳坐钓鱼船。慢工出巧匠，成绩叮当响！”我听后心里一怔，觉得他说的不无道理。因为我在每次考试中，从不抢先交卷，即使答完卷也不交，总是检查来检查去，唯恐出什么差错，往往等到下课时才交卷。大概这是不同性格人的不同表现吧。

在我们入学后不久，校广播站因各系在广播站工作的毕业班同学离校，需补充新的工作人员，当时乐岭和我被推荐到校广播站工作，我俩又成了“站友”。山大广播站是校党委宣传部和校团委直接领导下的宣传机构，下设编辑组、报告组、机务组、通讯组、文艺组。当时，乐岭被安排在通讯组当通讯员，为广播站写通讯报道。由于乐岭工作认真负责、报道及时，文章写得短小精悍，采用率比较高。后来，他又担任了通讯组的组长，为广播站的发展作出了很大的贡献。

除了学习和工作之外，乐岭热爱劳动，在班里也是出了名的。凡是班级组织的劳动，他都认真参加，如生产自救、修路、植树、平整大操场、在老校建游泳池等。学校在老校建游泳池时，安排我们搬石头。搬石头这活可不好干，石头大都很重，又四棱八角的。很多同学都拣小的搬，乐岭却搬大的，而且跑得又快，一天下来，他的两肩被压得通红，有的地方都磨破了。第二天，他的两肩肿得像馒头似的。还有一次，学校安排我们推水车浇地。因为推水车的活很累，就分四人一组，几个小组轮流着推。在推水车的过程中，谁使劲谁不使劲一看便知。轮到乐岭那一组时，有的同学指着推水车的同学喊："快看！"原来四个人中就属乐岭最卖劲！可不是嘛，乐岭脖子上的青筋都鼓起来了，累得满头大汗。

他一向严于律己、宽以待人，因而和同学的关系很融洽。入学后，当时正值三年困难时期，粮食定量不足，七个月的定量八个月吃，大家都吃不饱。为了改善学生的伙食，学校决定在"三不管"的空闲地种菜。有一次劳动是刨胡萝卜，刨了一会儿后，大家觉得又累又饿。有个同学见到又大又光滑的胡萝卜，饥肠辘辘的他实在忍不住了，就拿起一个小胡萝卜擦了擦，狼吞虎咽地吃起来。这个同学自己吃又不大好意思，就又拿起一个，塞给乐岭叫他吃，乐岭接过胡萝卜对他笑了笑，又把胡萝卜放回了原处。

乐岭还积极响应毛主席发出的"向雷锋同志学习"的号召，经常利用星期天的时间到利农庄帮助生产队干农活。有一次，我们几个一起帮生产队去地里拔草。拔草这活，看上去是个轻快活，时间长了，就蹲得腰痛腿酸，很难受。所以我们拔累了就站起来歇歇，而乐岭却不然，他只是站一下，接着又弯下腰去拔。这时，天上乌云滚滚，看样子马上就要下雨了，我们几个想的是赶快回去，如果来不及就找个地方先避避雨。可乐岭不，非要把拔出来的草从地里抱出来，免得雨后拔出来的草再活过来。等将满地拔出来的草都抱出去后，雨就下大了，我们个个被淋得像落汤鸡似的。

在上大学的四年中，其中有一年的时间，我们参加了两次农村社会主义教育运动。第一次是1963年12月至1964年3月，在历城县王舍人镇参加了农村社会主义教育运动的试点工作。第二次是1964年10月至1965年5月，在曲阜县陈庄公社参加了农村社会主义教育运动。这两次农村社会主义教育运动，特别是第二次为我们提供了一个难得的接触农村社会，向广大农民学习、向工作队的干部学习的好机会，也为我们提供了一个工作实践和劳动实践的好机会。当时，乐岭是陈庄公社孔村大队社教工作队的队员。工作队一入村，一律住在社员家里，实行“三同”，即同吃、同住、同劳动。白天同社员一起下地干活，晚上开会向群众宣传党的方针政策或访贫问苦，了解情况，为解决“四不清”问题做准备。

在半年多的孔村社教工作中，乐岭总是严格要求自己，除了面上的工作和劳动之外，他还做了许多可做可不做的事。如经常早起帮助房东挑水、扫院子，抽空帮房东的小学生辅导功课，在劳动中主动向老农学习劳动技巧等。

由于临近毕业，曲阜的农村社教工作还未结束，我们就在5月中旬提前返校了。回校后，除了补上落下的课程之外，最主要的就是撰写毕业论文的问题。当时乐岭写的《犁田中的必然和自由》一文，就是他在孔村大队跟队长学习犁田的切身体会的升华。乐岭的指导老师戴述雨看过他的论文后，认为很好，赞不绝口，于是就把它推荐给了《文史哲》编辑部。在乐岭不知情的情况下，他的论文竟全文刊发在1965年第4期的《文史哲》上，这也是我们班在《文史哲》上发的唯一一篇论文。

在四年的大学生活中，乐岭在学习、思想、劳动、作风等各方面都取得了突出的成绩，曾多次被评为“五好”学生，曾受到成仿吾校长和省里主要领导同志的接见。1965 年毕业时，他以优异的成绩留校任教。

二

学校为加强政治系的师资力量，1965 年仅留校任教的就有 10 人，再加上从中国人民大学分配来的 3 人，共有 13 人。其中，乐岭和我们等 6 人被分配在中共党史教研室任教。

开学初，老校长成仿吾来政治系检查指导工作时，对青年教师强调指出：青年教师首先要闯过教学关，做一个好老师至少要下十年的功夫，必须付出艰苦的劳动，不能企图在三五年内就成为一个熟练的人民教师。听了成老的教诲，我们这些青年教师都暗下决心，一定要好好地向老教师学习，克服一切困难，努力奋斗，力争在较短的时间内闯过教学关，做一个合格的人民教师。1965 年秋季开学后，徐珍老师和乐岭被教研室安排到物理系，负责物理系新生的党史课。徐老师任主讲，乐岭做教辅。新生开学后，乐岭既当学生，又当先生。所谓当学生，就是随班和学生一起认真听课；所谓当先生，就是负责全年级同学党史课的辅导工作。个别问题个别辅导，普遍性的问题，就利用自习时间集体辅导。后来，为了便于学习和辅导工作，他就从新校教工宿舍搬到了老校，住在物理系辅导员办公室。这样，他和同学们之间的关系就更加密切了。在十多年后的上个世纪 80 年代初，物理系 65 级的同学返校时，还邀请乐岭老师参加了他们的聚会，可见师生关系非同一般。

乐岭一向服从领导，严于律己，宽以待人，在校、系革命委员会和军训团、工宣队等的领导和组织下，曾先后和同志们一起在济南铁路大厂参加劳动锻炼，接受工人阶级的再教育；去藤县向广大农民学习，参加农业生产劳动，开展教育革命的探索；去简家屯支援三秋生产；去港沟公社参加抗旱劳动；在校内参加了教育战线上的“斗、批、改”和“清理阶级队伍”等工作。在动荡不安的“文革”岁月中乐岭惜时如金，借机阅读了大学期间没有来得及读和没有完全读懂的一系列马列主义经典著作，还通读了《毛泽东选集》一至四卷和《毛主席诗词》等。上述这些社会实践和理论学习为其后来的教学和科研工作打下了坚实的基础。

1970 年 6 月，上级决定把山东大学一分为三，即山东大学理科改建为山东科技大学，山东大学生物系合并到山东农学院，山东大学文科与曲阜师范学院合并，成立新的山东大学。1970 年 10 月两校合并后，又将两个政治系合并为政治大队，并 1971 年春季迎来了第一届工农兵学员。从此，热衷于教育事业的乐岭又重新走上了教学第一线。

是金子在哪里都会发光。张乐岭在学生时期学习好，德智体全面发展。毕业留校，他在党史教研室任教，反复钻研教材，所以他讲课很受学生欢迎。后来因为工作的需要，调到学校机关工作，曾先后担任过宣传部部长、校党委副书记、常务副校长、党委书记。不论在什么岗位上，他都尽职尽责、勤勤恳恳，把困难留给自己，把方便留给别人，为教学和科研作出了巨大贡献，正可谓“云水襟怀鞠躬尽瘁育学子，海山素养高风亮节启后昆”。可惜的是，他在退休前就病倒了，过早地离开了我们。他的一生都是在紧张、高负荷的工作和学习中度过的，还没有来得及享受晚年的幸福生活就走了，想起来，我们都很心痛！很难过！！！

点点滴滴忆师恩

尊师益友　永久的榜样*

——忆张乐岭老师几件事

车　贵　郭立梅

时间流逝得真快，转眼间张老师离开我们快三年了，他的教诲和形象却牢牢印在我们的脑海里。读大学时，张老师参加我们班级的各种活动，成为班级中的特有成员。我们几个年龄稍大一些的同学在业余时间里经常到张老师的宿舍去，慢慢地同他结为知心朋友。和张老师在一起无拘无束，我们从过去谈到当前，从理想谈到现实，从学习谈到事业……涉及的面很广。在张老师面前我们感到很亲切，他既是老师又是朋友，只要和他在一起就有说不完的话，讨论不完的问题，真是其乐融融、心心相印。大学毕业了，我们留校工作，我们在老师身边享受着得天独厚的优越条件，经常耳濡目染老师的高尚品行。当工作中遇到困难或者拿不准的问题时，我们就跑到老师身边，聆听他的教诲，于是在一些重大问题的看法上我们也就耳聪目明了。因此，我们深深感到在老师身边工作心里踏实，做起事来比较顺畅，他的光辉形象始终激励和鞭策着我们在工作中不断进步和提高。

---

* 本文由车贵执笔。

一

张乐岭老师经常对我们说:“做人要诚实,做事要踏实。”他是这样说的,也是这么做的。他从来都是说到做到,工作踏踏实实、认真负责。记得大一下学期,我们到华丰煤矿学工时,他同我们一起头戴矿灯、肩扛铁锨,下到井下 1200 米的回采片区和工人一起挖煤,一干就是 8 个小时,连同上下班途中时间就是 10 个小时。张老师严谨的思想作风和工作作风传授给了我们,我们又发扬光大,一代一代往下传,使山东大学“学无止境、气有浩然”的校训不断充实新的内容。

我们毕业时,组织决定让我们留校做学生的管理教育工作。张老师的“做人要诚实,做事要踏实”成为我们的座右铭。昔日张老师这样教育我们,今天我们也身先士卒用它教育学生,并把它融入学生的思想中,落实在行动上,让大学生认识到诚实做人、踏实做事的必要性和重要性;同时让他们真正从内心感到诚实做人并不是一件容易的事情,进而使他们亲身体验到只有脱胎换骨,才能处世诚信、为人正直、待人宽厚;只有这样,才会时时处处为人民群众着想,兢兢业业地为党为人民而工作,做到低调做人高调做事。

做人做事是辩证统一的,做人是根本,做事是关键。1990 年底沂南县人民政府决定制定《沂南县农业发展 10 年总体规划》,县委、县政府把这项工程委托给山东大学。学校把这个任务交给经济管理学院,院里把这一任务的基础部分让我带领部分老师和学生完成。“总体规划”是个庞大的系统工程,该工程比较复杂、工作量大、科技含金量高,它涉及到几十个子系统，需要运用高端科技和先进的模型分析。根据教学计划和院领导的要求，1991 年新学期刚开学，我就组织了十几名教师和 230 多名学生，利用社会实践教学时间完成了项目的基础数据调查统计工作。

在制定“总体规划”所从事的实践活动中，在沂蒙山区的腹地，在地形复杂的贫困山区的农村，在艰苦的生活条件下，培养、教育和锻炼了大学生，充分证明了张老师的“做人要诚实，做事要踏实”指导精神在山大人的思想中深深扎了根，并结出了丰硕的成果。社会上对山东大学毕业生给予这样的评价：政治思想锐敏，理论功底深厚，作风务实、勤奋、踏实。这是对山大培养学生的客观评价，是山大人勤奋的结果，同时也是山大人的骄傲和自豪。

我被推到学院的主要领导岗位上以后，经常对照张老师的“两要”反思自己，越想越感到“两要”的寓意深刻。“两要”的深处还蕴含着张老师做人如水、做事如山的品格，他是我的明镜和楷模。“做人要诚实”就要尊重人、理解人、关心人、成就人，这样做了就能得到同事的信任，受到学生的尊重，得到朋友的爱戴；工作中敢于担当、勇于负责，能表现出一个人的威严、风度和水平，而大胆承认工作中的缺点和错误，显现了一个人的觉悟和水平，可促使自己不断地总结经验教训，促进个人进步和事业的发展。“做事要踏实”就要尊重客观实际，严格按照规律办事，工作要有热情、激情，千方百计去谋事，尽心尽力成就事，充分发挥自己的创新潜能，合理运用外部条件，争取做到卓越水平；做事要把国家利益、集体利益摆在第一位，个人利益控制在政策许可的范围内，任何损公肥私、徇私枉法的行为都要坚决反对，绝不能姑息和迁就。只有实现做人做事的最佳结合，才会产生良好的经济效益和社会效益，才是人间正道。

二

大学生是国家的宝贵财富，培育他们综合发展、健康成长是学校的一项重要工作。1988年底我从军事院校转业到普通高校工作。来到山大经济学院后，院领导让我分管学生工作，这对我来说是工作任务的一大转折。我带着在新形势下如何做好普通高校大学生的管理教育工作这个问题，去向张老师请教。在张老师面前我感到特别亲切与温暖。张老师给我具体介绍了当前对大学生管理教育的具体意见，最后他说："山大尽管发生了比较大的变化，但作为思想政治工作万变不离其宗，对大学生必须实施全方位、多层次的思想政治教育。"

张老师的教诲，深深触动了我的思想，组织把这一重要的工作任务交给自己，我决不能辜负组织期望，一定千方百计做好工作。我经过反复思考并与同志们交换意见后，健全了经济学院的政工队伍，并制定出一套适合大学生的管理教育制度。通过实施管理教育制度，充分调动了政工干部、教师、学生干部的积极性和主人翁责任感，调动了全体学生的积极性，充分挖掘了大学生的潜能。

三

1996年3月，学校党委让我主持经济学院党委的工作。我心中有个顾虑，一方面感到组织的信任，另一方面也担心干不好给党组织造成工作被动和损失。我带着这个矛盾心理到校党委找张乐岭副书记，向他汇报了自己的思想认识和担心的问题，认真向他请教如何做好党管党员、党管干部和正确处理党政关系等问题。张老师认真听取了我的汇报，他首先鼓励我大胆管理、认真做好工作，然后论述和分析了管人管事的关系问题，他说："管人管事是一项很重要也比较复杂的工作，一定要用制度管人、按程序办事。"继而他谈了一些管人做事的道理和事例，听了他的一席话，自己对做好党委的工作心中有了底气和信心，于是也就感到比较踏实了。

张老师的指导精神，让我想起了一句老话："没有规矩不成方圆"。我感到一个团队有无战斗力、凝聚力，能否做到政令畅通、令行禁止，关键在于是否有完善的制度和有效的执行力。于是我认真而慎重地把经济学院的主要工作梳理了一遍，大体理出了个头绪，产生了一个总体框架意见。然后和其他院系领导及老师们沟通座谈，经过反复酝酿讨论，建立和健全了党委会议制度、党政联席会议制度、教务工作制度、研究生工作制度、科研工作制度、财务管理制度、行政管理制度、思想政治工作制度、劳务酬金实施细则等规章，通过这些制度的贯彻落实，使经济学院产生了良好的运行秩序和可持续发展的势头。全院在党群之间、党政之间、干部与职工及职工相互之间、师生之间造就了一个和谐的氛围，大家心往一处想、劲往一处使，形成了一个强大的合力，因而各项工作蓬蓬勃勃开展顺利，取得了一个又一个的丰硕成果。

实践告诉我们，正确的行为目标是统一思想的基础，规章制度的贯彻实施是统一思想和行动的保障。为了事业健康发展，就必须制定科学的规章制度，并且把这些规章制度正确认真地贯彻在实际工作中，方能提高工作效率，产生良好的社会效益和经济效益。

根据张老师的指导精神，我认为做好经济学院的工作，必须定位好服务全院师生的新坐标，在这个坐标体系中选人、育人、用人是根本，服务到位是关键，效率和效益提高是目的。这些工作的有效合理进展要解决好人、权、事三要素。抓住这三要素，我们就能牢牢地把握住事物发展的正确方向，做到科学地行使权力，确保权为教职工所用。

张老师是一个热爱生活的人，他喜欢关注新鲜事物、体悟美丽人生。和他在一起，我们可以无拘无束地发表自己的见解，甚至争论得面红耳赤；当他归纳总结时，言词间无不充满着睿智，是那么博大精深，而又贴近现实生活。在我们心中，张老师就是天上那颗最亮的北斗星，给我们指明了前进的方向；他是山涧最清凉的甘泉，用清香的甘露浇灌着我们这批意气风发的求知青年。但上苍是那样的不近人情，让张老师永远地离开了我们。作为他的学生，我们将永远缅怀他的丰功伟绩，继承他的光辉思想和优秀品质，沿着他的足迹，为党的教育事业鞠躬尽瘁，高歌前进！

参考文献

张乐岭：《科学社会主义研究论稿》，人民出版社 2011 年版。

白全珍编著：《做人做事好心态全集》，黑龙江美术出版社 2006 年版。

同吃同住　教学相长

——忆乐岭老师

马禄远

尊敬的张乐岭老师已离开我们三年了，回忆起他的音容笑貌仿佛就在眼前，特别是我们开门办学在农村的日子里，他与我们同吃同住，结下了深厚的师生情谊，令我终生难忘。

一、在地雷战之乡，给我们讲抗日战争史

1976 年 11 月中旬，按照山东大学教务处的教学计划安排，我们山东大学政治系 75 级全体同学，在辅导员车贵老师的带领下，赴烟台、潍坊的厂矿、企业和农村等地开门办学，随我们一起的还有讲中共党史的张乐岭老师。因为我们这一学期的课程安排有《中国共产党党史》《国际共运史》等课程，外出开门办学时老师也必须随我们一起去给我们讲课。11 月份已是初冬季节，我们师生冒着严寒到达海阳县赵疃大队。这里是抗日战争时期地雷战的故乡，电影《地雷战》就在这里拍摄，《地雷战》中的主人公——赵虎就是以胶东地区爆炸大王、全国民兵英雄赵疃大队的赵守福和邻村的区爆炸大王、全国民兵英雄于化虎两位英雄为原型塑造的。来

到赵疃大队后，我们师生分住在农民家里，白天我们与村民一起上山修大寨田，女同学扶钢钎，男同学抡铁锤，打石头钻炮眼。晚上我们集中在村小学的教室里，张乐岭老师给我们讲中国人民艰苦卓绝的抗日战争史：从1935年建立抗日战争民族统一战线到“七七事变”与第二次国共合作，从开辟敌后战场与坚持统一战线中的独立自主原则，到坚持抗战、团结、进一步遏制国民党的反共逆流，再到加强根据地各项建设和克服抗战面临的重重困难。张乐岭老师虽然白天也和我们一样与贫下中农一起修大寨田，但晚上讲课仍一丝不苟，认真授课。张老师那生动的事例、激扬的文字、严谨的逻辑结构，那亲切的声音，让我们听课者入耳入心。张老师还结合我们身处地雷战故乡的实际，让我们结合所学内容，采访调查走访爆炸大王赵守福、于化虎、孙玉梅等英雄，在采访调查中了解到这些英雄们共同发明发丝雷、钉子雷、防探雷、标语雷等14多种地雷。日本鬼子所到之处地雷轰响，立刻被炸得人仰马翻、鬼哭狼嚎。赵守福同志原名赵良桂，因为炸日本鬼子多，在出席胶东民兵英雄大会时，胶东军区司令员许世友将军给他改名赵守福，意即让他多炸日本鬼子，把日本侵略者赶出中国，守住我们中国人自己的幸福。张老师有时也和我们一起去采访调研，并把采访调研到的事例充实到讲稿中，并与讲课内容巧妙结合，使课堂气氛生动活跃。我们听张老师的课总是兴奋期待着。

二、在萝卜之乡潍县，给我们讲解放战争史

这次开门办学，我们也来到当时的昌潍地区所在地潍坊市。历史上潍坊市是潍县城所在地，潍县因处于山东半岛与内陆交通的枢纽位置，因

沿海与内地贸易转运的起落点而发展成为商埠重镇。扬州八怪之一的郑板桥在潍县当了七年的知县。潍县在近代号称有“二百支红炉、三千砸铜匠、九千绣花女、十万台织机”，有“南苏州，北潍县”之誉。解放战争时期，我人民解放军山东兵团在许世友司令员的指挥下，历时一个月共歼灭国民党九十六军军长兼整编四十五师师长陈金城所指挥的47000多人。潍县解放成为华东战场上支援战争的重要经济基础，积累了许多经验，为以后夺取攻坚战的更大胜利奠定了基础，为我党接管城市提供了经验。我们来到潍坊后，住在昌潍地委党校，张乐岭老师带我们参观潍县战役纪念馆、潍县烈士陵园、潍县战役城墙第一个突破口，还带我们去坊子煤矿井下看煤矿工人怎样挖煤，率领我们参观潍坊柴油机厂、李文忠烈士纪念馆等等。所到之处，我们静静聆听、默默沉思、悄悄记笔记，晚上回到党校，在党校的教室里，张乐岭老师又以那不知疲倦的声音给我们讲解。通过实地参观考察，又听张老师精彩讲课，我们对中国共产党在解放战争中的作用，对于国民党政权为什么走向灭亡，有了更直观、更深刻的理解和印象，使理论学习更行之有效和深刻。

三、在苹果之乡，给我们讲中国社会主义改造史

从1976年11月中旬离开学校，我们辗转潍县、海阳县赵疃村，于1976年12月7日在张乐岭老师和车贵老师的带领下，来到烟台地区栖霞县蛇窝泊公社西荆夼大队。那天正好是农历二十四节气中的“大雪”，鹅毛大雪从天而降，寒风刺骨。我们顾不上休息，吃过午饭，就在西荆夼大队党支部副书记柳忠江同志的带领下，顶风冒雪参观、考察了解西荆夼大

队社会主义新农村的景象。晚上所有男生和带队老师、授课老师都住在大队活动室用麦穰草铺的地铺上，同学们让张乐岭老师睡在里边靠墙的地方，我靠着张乐岭老师睡。这几间活动室只有一个大木门，两扇大门中间的裂缝也很大，窗户只是糊了一层白纸，屋内没有任何可以取暖的物品。由于被子薄，又没有大衣加盖，我一晚上当“团长”，没有睡好。第二天，我们就上山跟着当地农民修大寨田去了。晚上回来讨论了当天的劳动收获，然后就休息了。也许是因为太累了，不一会儿我就睡着了。当凌晨醒来时，看到张乐岭老师的大衣盖在我身上，我感动得不知说什么好。我轻轻把大衣盖回张老师身上，张老师这时醒来悄悄说：“你的被子薄，又没大衣，你睡觉冷，我看你昨天一夜没睡好，所以，今天晚上等你睡下，我就把大衣盖在你身上了。”哦！怪不得我觉得那么暖和、睡得那么香，是张老师盖在我身上的大衣起了作用。但我实在不好意思，他是我老师，我不能剥夺老师的温暖，我坚持还给张老师，张老师没办法就说：“那咱俩一个被窝吧！我的被子是你师母在我们开门办学前用新棉花亲手缝制的又厚又宽的新棉被，两人盖完全可以，我们俩一个被窝，把你的被子搭在我的新被子上面，被子上再盖上我的大衣。这样，晚上你就不冷了。”我再三谢绝，但张老师说：“我是你的老师，你的师父，俗话说‘父子情深一家亲’，你再拒绝就见外了。”说到这里，我不好拒绝了，只好含泪服从了张老师的安排，这样我和张老师合成一个被窝。我们每两天上课，每两天上山修大寨田。张老师给我们的上课内容：从过渡时期总路线的提出到农业、手工业和资本主义工商业的社会主义改造；从我国社会主义制度的确立到“大跃进”、人民公社化；从农业60条、工业70条到7000人大会和对“大跃进”教训的总结；从国民经济调整到反对霸权；从“以阶级斗争为纲”到“文化大革命”的发动和全面内乱;从邓小平领导的全面整顿到粉碎“四人帮”。张老师结合西荆夼大队社会主义农业改造的现实例子给我们娓娓讲来。张老师还让我们去村民家里访问座谈,去牟氏庄园参观,请劳模老党员给我们作报告。白天,我和同学们接受张老师的知识耕耘和浇灌;晚上,我享受张老师带给我的温暖。由于张老师的爱护关心,我在这次开门办学过程中,虽处于冰天雪地、寒冷异常的气候中,却天天夜夜温暖,手脚脸都没有冻伤。

张老师和我一个被窝的事,虽然已经过去近40年了,但我一想起张老师那平易近人,无私助人,对学生慈父般的温暖和关怀爱护,就浑身暖烘烘的,就热泪盈眶。张老师是我们最敬爱、最尊敬、最可亲、最信任,最能和学生打成一片、最能和学生做知心朋友的老师。张老师的高尚品格影响了我的一生,在我的任教生涯中,把张老师给我的正能量不断地传递给我的学生们,不仅让我获得了“学生最喜爱的老师”称号,同时他们也会把这个正能量不断地传递下去。

张老师虽然已经离开了我们,但他却永远活在我们心中,他的正能量会通过一届一届的学生们,发扬光大,代代相传。

严于律己　甘为人梯*

魏清明　刘志伟

最受人尊敬的张乐岭老师已离开我们三年了。作为他的学生，我们无时无刻不在怀念这位恩师。在他众多的弟子中一提起乐岭老师，学生们都会发自内心地敬佩，称赞他是一位处事严谨、勤奋好学、为人师表、平易近人、讲究原则、严于律己的好老师，是值得我们永远学习的榜样。

良师益友

在"文革"后期，由于国家教育体制改革的不断推进，我们这些来自全省各地各条战线的工农兵大学生，有缘在山东大学与这位年轻而又十分严谨的乐岭老师相识。那个阶段的在校学生年龄参差不齐，一部分学生与相当一些年轻教师的年龄没有什么差别，还有一些甚至比当时年轻老师大上十几岁，乐岭老师恰是当年比我们大龄学生还要小上十多岁的年轻老师。张老师是我们的辅导员，在我们上学的几年里，他真正成了我们的良师益友。在教学工作方面、学生思想教育管理方面，以及大大小小日

---

* 本文由魏清明执笔。

常事务性工作等方面的事情，他都会放在心上，认真而又细致地做好每一件事。在教学预讲的课堂上，在教学实习的现场中，在学生拉练的队伍里，以及在早操、晚自习、宿舍里等等每一个有学生活动的场所，都会有他的身影。在与学生的交往接触中，他对每一位同学都会一视同仁、平等相待。他那和蔼可亲的笑容都深深地印在每一位学生的心里。学生时代的我，身体时常闹病，张老师始终把我挂在心上，问寒问暖，关怀备至。在我毕业后的几十年里，都始终难以忘怀老师的关心体贴，并鼓励着我像老师那样为学生做出榜样。

毕业后，我被分配到泰安一中工作，那个年代在学校里工作，不像现在按部就班地上下课，时常会有意想不到的社会工作要参加，如学生实习、“三夏三秋”劳动、学生军训甚至参加学大寨工作队等，都必须认真而又踏实地与学生同吃、同住、同活动。作为一名女同志，在工作中常常会遇到意想不到的问题，但我总是不忘张老师的教诲，以他为榜样，真诚而又热情地做好每一项工作。张老师的亲切教诲和潜移默化的影响，让我在几十年的教育事业中受益匪浅。2013 年 10 月，在我们毕业 40 周年的校友联谊会上，同学们都深切地怀念这位最受人尊重的老师。他的高贵品质和无私奉献的精神将永远激励着我们。

严于律己

乐岭老师从一位普通的高校教育工作者，到被教育部任命为全国知名高校的山东大学党委书记，除了他对高等教育事业的忠诚和执著追求外，更在于他凡事认真，讲究原则，不徇私情，惜才有道。我大学毕业后一直在中学工作，因为工作的关系，我有缘不断聆听老师的教诲，30 多年里经常与老师就一些教育工作中的重要问题进行讨论，并在相互联系接触和招生过程中真正认识了乐岭老师。

我从山东大学毕业后被分配到泰安一中工作。泰安一中是一所百年老校，也是省级重点中学，无论师资力量、管理水平还是学生整体素质都比较强，因此每年高考前全国及国外的一些名牌大学都会来学校挑选优秀学生。那个阶段我在学校主管政教处、团委工作，对学生的情况掌握比较详细，因此在选拔生源工作中就与大学的老师联系比较多。山东大学是我的母校，因此自然就与母校联系多了一些。每次去母校都要到张老师那里汇报一下我的工作情况，老师总是热情而又认真地听我汇报工作，给积极的鼓励和真诚的指导。在许多重大的教育理论和实践问题上，他总是有深入的战略思考和切实可行的具体见解，如中学教育的规律和特点，教学教法和教育质量的提高以及学生的素质教育管理等问题。我们共同探讨了如何实现中学教育管理和大学教育管理接轨的问题，探讨了学生不同年龄阶段教育管理的共性和个性问题。他还为我在学生教育管理上的方式方法给予了有针对性的指导，提出了许多有益的工作思路，帮助我确定了如何提高教育质量的种种办法和措施。

为了培养学生的优秀特长，山东大学还在我校建立了“教育实践基地”“优秀生源基地”，互派教师到校学习、观摩，专题培训学生，组织各类特长生比赛等，有力地促进了学校教育质量的提高，同时也吸引了全国许多高校来一中选拔优秀学生，受到了家长和社会的赞誉。

每年大学招生工作开始时，山大招办和教务处的工作人员都会来到一中考查学生。而我们学校政教处和教务处都会将毕业生的全部六个学期的学习情况，各类比赛获奖、爱好特长及综合表现进行一一排比，并将详细的资料提供给大学老师考查，协助他们进行摸底考试等等。每一次选拔学生时，张老师都要求工作人员一定要公平公正，严格要求，严格把关，不徇私情，严格按照程序和条件选拔最优秀的学生到大学学习。由于老师的严格要求，多年来，从泰安一中选拔到山大学习的优秀学生都表现得非常好，学习、思想表现和综合表现能力都很强。也是在张老师的关心和协调下，曾有多名在山大学习的优秀学生，多次回到一中母校汇报学习和成长成才的做法和经验，山大也会把一中选拔到大学学习的优秀学生的学习成绩和先进事迹，印发成书面材料反馈到中学师生中来，形成良性互动。记得有一年毕业生中报山大的优秀预选生比往年数量多了许多，但大学选拔名额有限，远远不能满足学生的要求，我们就特地比较了一下，被选下来的学生远比向其他高校选送的好得多，如此选下去真是太可惜了。学校就带着这些具体问题来到山大招办汇报了具体情况，招办的同志又如实向学校党委汇报了泰安一中优秀生的选拔情况。张老师在得知此情后非常重视，专门召开了会议，让我们介绍了这届优秀毕业生的具体情况。在这个专门汇报会上，大家认识到，这些优秀毕业生的涌现是多年来双方在人才培养方面互相交流接轨积极影响的结果，是双方推进教育质量提高的具体表现。会上张老师还专门介绍了一中选送到山大学生中在美国及其他国家名牌大学深造的情况，指出泰安一中报考山东大学的优秀学生数额远远超出了我们的计划招生是一件大好事，应该把更多的优秀生选拔到山大，以提高大学教育质量，提高学校的知名度。会后张老师特意交代招生办的同志要进一步仔细审阅选送的优秀学生材料。后来经过学校认真研究，破例增加了泰安一中优秀学生的推荐名额。

在这次选拔推荐中，张老师依旧让工作人员严格把关，真正做到公平公正，让社会放心、让家长满意。由于张老师原籍是泰安，在过去多少年里，许多家乡来的亲朋好友都找他讲情，均被他一一回绝了。在这次二次推荐中他更是十分注意这一问题。由于按标准要求，我们工作做得十分扎实，因此双方都非常满意。在这中间还有一件至今还流传的事情：有一年一名优秀中学毕业生被选拔到山东大学的国际贸易专业，这在当时是很热门的专业，然而家长却找到了学校，告诉我们孩子特别喜欢生物专业，从小就爱钻这一专业，还有不少小发明和国家级论文，想让我们给他改到生物专业。当时因为选拔录取工作已经结束，且专业名额有限，改换专业难度很大。我带着改专业这个问题一起与学生家长来到山大招办，当时招办人员从一系列资料和学生所获奖励中也认为该生学习生物会有更好的发展前途，并带着这一问题请示了张老师，当时张老师十分重视，就约见招办和教务处负责同志研究，随后答应了其改专业的要求。这一下子可把家长乐坏了，一再表示感谢。到了下班时间，学生家长提出宴请张老师，以表谢意。我想张老师不会同意的，然而却出乎我的预料，他却非常干脆地答应了家长的要求，还特意叫上了招办工作人员一起在学校餐厅用餐。用餐时张老师很高兴，对家长关心孩子、注重培养和支持孩子爱好特长进行了赞扬，并向在座的中学领导建议今后在培养学生中要重视学生爱好和特长，尤其要善于从小挖掘特长，培养特长，积极向高校推荐特长生，这对于国家培养高素质拔尖人才十分必要，我们应该支持这位家长的做法，向我们推荐了一位好学生，而且要在今后招生工作中加以推广，让更多有特长的学生进入理想的学校和专业学习，这样既能圆了学生的专业理想梦，又能培养优秀专门人才。在座的人们都从内心里佩服和赞同张老师对专门人才培养的理念，觉得大学里有这样的好领导，一定会办出人民放心满意的高等教育。

当宴会快结束时，家长便去服务台结账，哪知张老师早已把账结完。家长心里十分着急，本来改专业就过意不去，再来表示一下谢意都没能如愿，就执意换成自己付钱。张老师笑着说，你们给山大送来最优秀的学生，学校应感谢你们才是，请你们是应该的，就别再争了。张老师的举动让在场的家长感动得流下了眼泪，学校领导和家长带着喜悦的心情和感动的心与张老师道别。在回来的路上，学生家长一再讲，这次来山大对我们教育很大，学校有这样的好领导，山东大学一定会越办越好。我们把孩子送到这样的好学校，真是把孩子的人生路选对了，回去后我们嘱咐孩子一定要珍惜大学学习生活，努力以优异成绩报答这些好老师。后来，这名学生在山大生物专业不仅学习很优秀，而且以优异成绩考入北京大学生物系攻读博士学位，后来又到美国哈佛大学学习深造，学成回国后到北京大学生命科学学院任教授，而且一直表现很优秀。这件事在我们学校广为流传，并不断激励着学校对特长生的培养选拔。我作为一名山大的老毕业生，深感有这样一位严于律己、甘为人梯、德高望重的好老师而感到骄傲和荣幸，他的优秀品质永远激励着我们、鼓舞着我们前行在正确的人生道路上。

两袖清风

为人低调、从不张扬、踏实做事、诚信做人是张老师一生的做人原则。他从一位普通的高校教师到一名高校主要领导的近50年从教生涯，始终保持谦虚谨慎、虚心好学的良好精神风貌，从不对组织和任何人提出额外要求，办事讲原则、诚实守信、高风亮节、两袖清风，给所有认识和熟悉他的人们留下了深刻而又难忘的印象。

在与张老师几十年的交往中，他既是一位受人尊敬的师长，更像一位兄长。有时联系工作上的一些事情，他总是关切地问这问那，指导你如何对待事业，如何待人处事，再三叮嘱要做好党组织交给的工作任务，为自己争气，为母校增光，做一名对国家对社会有用的人。在节假日或休息之余，我们也时常去看望张老师，在家里他总是像对待亲人那样温暖可亲。他对我们问寒问暖，关切地询问子女的上学和成家立业大事。有时还亲切地问起身体健康状况，像家中的老人一样关心着我们生活的方方面面。在他任学校党委主要领导时，有些去看望他的人不免要带点礼品或土特产，他总是婉言谢绝，就连我们这些学生前去看望他带点他爱吃的煎饼，他也要用另外的物品来交换给你，即便他不在家时也再三告诫他的爱人郭老师，对任何来人都要一律对待，谢绝一切礼客。清正廉洁，两袖清风，对张老师来说真是再贴切不过了。

“不要给领导提要求，不要给学校添麻烦。”张老师是这么说的，更是这么做的。在张老师病重住院期间，我们曾到山东大学附属齐鲁医院看望过他，当我们进到他所住的病房时，心里真有太多说不出的感觉，他所住的再普通不过两人间病房里，除了病床病人外，很难再容得下几个探望者，心想齐鲁医院是山东大学的附属医院，一个堂堂的学校主要领导住在这样的普通小病房里，即便在其他医院也不会这样。当时我们的张老师已经无法用语言来交流了，只能静静地躺在病床上以深情的目光注视着我们。此时我们就鼓了鼓勇气问了一下守在他身边的爱人郭老师，为什么不能给张老师住个单间或更好一点的病房，郭老师告诉我们说：“你张老师不同意，说‘现在退休了，不要给领导提要求，不要给学校添麻烦’。”面对躺在病床上的张老师，心情十分沉重的我，真切地领悟到我们最敬爱的张老师两句简单的“不要”，话语既朴实无华，又显示了一位终生忠诚党的教育事业、以德树人、甘为人梯的崇高品质。他所留给我们后人的高贵品质和无私奉献的精神财富将永远教育和激励着我们。

今天，在扎实推进建设社会主义文化强国，践行社会主义核心价值观的过程中，更需要张老师这样对人真诚、友善、博爱的高尚道德品质和对事业的执着追求、无私奉献、实事求是的可贵精神，在学校的教育实践活动中要以身边这样最真实感人的事例教育和影响师生，加强学校特色文化建设，培养高素质人才，为实现中华民族伟大复兴的中国梦作出积极的努力！

我对张乐岭老师的美好回忆

张锡恩

转眼间，张乐岭老师离开我们已经三年了，他的音容笑貌仍时常浮现在我们的脑海。我最初认识张乐岭老师，是我们学院初建的1978年底，当时的名称叫科学社会主义系，从1979年开始正式招收科学社会主义专业的本科生，后来几经更名，最终定名为现在的政治学与公共管理学院。

我进入山东大学上学是1972年春，那还是"文化大革命"的中后期，当时的政治类专业与历史专业合署为政史大队，内设哲学、党史、历史、考古等专业。到1973年，政治系与历史系分别设立，政治系包括哲学和党史两个专业班，我属于哲学专业班，中共党史课程的课时量相对较少，没有安排张乐岭老师给我们班上课，所以认识张乐岭老师较晚。1976年政治系撤销，分别建立哲学系和经济系，我当时被分配到国际共运史教研室，归属到哲学系，张乐岭老师所在的党史教研室归属到历史系；1978年底创建科学社会主义系的时候，国际共运史教研室和党史教研室同时归属到科学社会主义系，从此有了认识张老师的机缘，并有机会聆听他的教诲、向他请教学习和工作中遇到的各种问题。

实际上，1974年底大学毕业留校任教后，党史专业班毕业留校任教的张学庆同学与我同住一个宿舍，从他那里就断断续续听到一些对张乐岭老师的介绍，感觉张老师是具有自己鲜明特点的老师。特别是最初听张学庆津津乐道地介绍说，张老师讲课的时候，大都是双手按扶讲台，身体微微前倾，面向学生，经常是双脚轮番轻踢后面的墙壁，正像其他老师讲课时往往伴有某种手势一样，这是张老师讲课时的特有动作和肢体语言，也是他口讲与脑思同步统一的特殊表现和讲演进行时。

科学社会主义系建立后，那时经常有全体教工在一起的集体学习和教研工作会议，还有当时刚刚初建的山东省科学社会主义学会、国际共运学会等组织的学术讨论会也已经兴起，当时的系主任赵明义老师经常布置、组织和指导写作拟参加学术会议的论文等，这时就经常可以听到张老师的发言了。他的每一次发言都有条不紊，似乎都有精心的准备，内容条理明晰，语速快慢适中，语言沉重而有节奏，具有刚毅和儒雅的双重风采，给我们留下了深刻的印象。当时给我的感觉是，张老师已经成为众多教师中的突出人物，在全系的工作中抛头露面的频率越来越高，对全系的教职员工具有了越来越大的影响，可能很快就要成为系的领导了。果不然，1980 年，他就去学校党委宣传部任副部长了，我们见到他的机会就相对少一些了。

我于 1974 年底毕业留校任教后，应该说工作学习比较努力。我们那一批工农兵学员，先天不足，“文化大革命”耽误了中学时代的学习，大学期间又反复搞“文化大革命”，即使大学毕业后，首要任务也是去参加农业学大寨工作队，真正用在学习上的时间很少，许多知识需要在毕业后重新学习和补课。但是，对于重新学习和补课，我比较自信，因为我在中小学时代一直是优秀学生。我自己总结，当时面临三大任务或三大关口，即讲课要站稳讲台，外语要能应付工作需要，科研论文要达到一定档次。当时自我感觉压力很大，休息时间比较少，所以，也是在1980年前后，不到30岁的我就患上了高血压。尽管如此，从1980年开始，我开始陆续在《山东大学报》《大众日报》《山东大学论文集刊》(现在的《山东大学学报(哲社版)》的前身)发表了《也谈谁是主角》《反对无政府主义，巩固安定团结》《谈谈巴黎公社的干部选拔制度》等论文，这些论文的发表，引起张乐岭老师的格外注意。同时，他已经听说我因为压力大、血压高并伴有失眠，不想教学了，想调走。在一次偶然相遇时，他向我说明，现在宣传部缺少工作人员，你能讲也能写，可以来宣传部工作。当时，我明显感知到张老师对我的信赖，但由于急切摆脱压力环境，心情很烦躁，没有考虑自己的年龄、工作环境更新等因素，在已经答应调到省人事厅工作的情况下，没有认真考虑张老师的建议，于1984年底匆忙到山东省人事厅编制委员会办公室工作了。事后我非常后悔，因为调到省人事厅工作不久，虽然工作比较顺利，很快升任主任科员，但在缓解了急于摆脱压力的情绪性因素之后，对自己有了新的判断，可能继续留在学校，做一种行政与教学相结合的工作更适合自己，同时也可以借此消解一下由于压力大而产生的烦躁情绪。我为失去在张老师身边工作的机会和机遇，感到格外遗憾和悔恨。此后，我的工作更为曲折了，三年后，1987年5月，我又从省人事厅调到山东社会科学院科学社会主义研究所，做专职研究工作。此事引起我原来所在的山东大学国际共运史教研室主任胡瑾教授的注意，她对我的业务能力和人格品性高度信任，当年曾极力劝阻我调走。现在既然又干同行了，她一方面极力举荐我，从1987年起我兼任了山东省国际政治和国际共运学会秘书长(2002年起又兼任会长直到2011年)，另一方面又开始慢慢劝我重新回母校继续教学工作。由于胡瑾教授和时任党委副书记的张乐岭老师多方面的工作和学院对我教学科研工作的认可，1995年5月，我又重新回到母校从事教学工作了。我没有辜负胡瑾教授和张乐岭老师的信任和期待，从1996年起开始指导硕士研究生，1998年获得山东大学优秀教学奖，2002年起开始指导博士研究生，2009年获得全国MPA优秀教学奖，曾经三次在本学院的学生海选中被评“我最热爱的老师”第一名；到目前为止，我指导的学生已有15名获得博士学位，110多名获得硕士学位（含科学学位、在职申请、高教硕士和MPA）……当我写到这里，我突然感到，人似乎真的有在天之灵，我仿佛看见，张老师正在不远处审视着我，脸上正绽放着满意的灿烂笑容。

由于我在山东社会科学院工作期间，与省委宣传部理论处有了较多的工作联系，也曾受宣传部委托，参与写作了几本宣传性著作，同时也曾写作了几篇论文分别在《大众日报》或专门论文集刊发表。这个经历在回到山东大学后，曾经在相当长一段时间里保留了我比较关心理论宣传工作的习惯。这时已经升任校党委副书记的张乐岭老师，继续分管宣传方面的工作，同时在本学院兼任教学工作和硕士生导师，接着又兼任博士生导师。我作为年轻教师被委托协助张乐岭老师指导硕士研究生，这样我很幸运地又重新获得了继续听取张老师教诲、请教工作及理论研究问题的新机会。

我协助张乐岭老师指导的第一个硕士生是朱贵昌同学，紧接着朱贵昌又跟随张老师攻读博士学位。后来证明，朱贵昌同学毕业留校后的教学和理论研究工作都比较优秀。

同样是回学校工作不久，即1995年临近暑假的时间，张乐岭老师向我提议，应该写一篇纪念恩格斯逝世100周年的文章，同时讨论并确定了文章的基本观点和基本框架，先由我起草，然后由张老师修改。这篇文章形成初稿后，我们又反复商讨，由张老师修改了两遍，最终以《把社会主义当作科学来看待——纪念恩格斯逝世100周年》为题，发表在山东省委宣传部主办的《发展论坛》(1995年第10期)上，后又被中国人民大学资料中心主办的《国际共产主义运动》(1995年第6期)全文转载。这是我参与张乐岭老师科研工作的第一个小成果。

我参与张乐岭老师科研工作的第二个成果是《毛泽东邓小平社会主义思想比较研究》，这是山东省"八五"重点项目，由云南人民出版社于2000年8月出版。这部三卷本的著作130多万字，是当时国内第一部对毛泽东与邓小平的社会主义思想进行全面系统比较研究的大型著作，后来先后获得山东省教育厅社会科学优秀成果一等奖和教育部社会科学优秀成果三等奖。虽然这部著作我只参写了其中一章，仅有2.6万余字，做的工作很少，但从张老师对我起草的初稿的修改过程中，我也学到了不少的东西。说起这部著作的获奖，还有一个插曲，在省教育厅评奖的时候，我是那一次评委会的一员，因为我只是书中的一个很不起眼的作者，所以并不需要回避。记得我们那个小组评委8人，要对大约20项以上的政治类科研成果评选出一等奖一项、二等奖两项、三等奖若干项。在初步讨论过程中，大家对张乐岭老师主编的这部著作与另一作者的一项成果似乎难以分出高低，不能形成哪一项为一等奖的多数意见。为了缓解矛盾，小组负责人建议按照过去曾经有过的例子，向总评委申请放弃一等奖的指标，改换为两个二等奖指标。我当即表示反对，并申述了反对的理由：其一，大家都认为两项科研成果质量很高，放弃一等奖不合适；其二，在两项成果质量都很高的情况下评选不出来一等奖，那是因为我们评委人员没有尽到责任，没有完成任务；其三，一个一等奖兑换为两个二等奖的办法更不合适，可以想见，如果哪个国家一次投票不能选举出一个总统，就更改为多选举两个副总统，那是何等荒谬；其四，如果第一轮投票不能投出何者为一等奖的多数票，可以借鉴国际奥委会的投票办法，即第一轮投票后，如果不能出现多数票，就把得票最少的一个淘汰，然后进行下一轮投票，多出来的一票就会投向其他成果，以此类推，进行多轮投票，最终可以产生出多数票当选一等奖。后来，经过请示总评委会，采用了这个办法，实际上在第一轮投票中，张乐岭老师主编的这部著作就已经获得多数票，获评一等奖。

我参与张乐岭老师科研工作的第三个成果是写作《关于建设社会主义新农村问题的思考》一文。问题的提出是学习中共中央和国务院于2005年12月31日下发的《关于推进社会主义新农村建设的若干意见》（中央一号文件）和十届全国人大四次会议于2006年3月14日通过的《关于国民经济和社会发展第十一个五年规划纲要》，这两个文件都把建设社会主义新农村作为我国现代化进程中的重大历史任务提上日程。研究新农村建设，成为当时政界和学界关注的一个热点，我也很快被校学生会请去作了一个关于新农村建设的学术讲座。这时的张乐岭老师已从学校党委书记的职位上退了下来，任职山东省政协常委会委员。省政协常委会也准备召开关于新农村建设的专题研讨会。为准备这次会议，张乐岭老师找我要了一些关于新农村建设研究方面的最新进展的相关资料，并一起商讨了如何做一篇文章的问题。当时我虽然给学生作过一次讲座，但那只是根据国际共运史上的苏联和我国农业社会主义改造过程中的经验教训，列出来的一个只有一页纸的应急讲演提纲，并没有形成任何文字稿件。因此，我们经过简单商议，确定了一个新的“发言提纲”的体例框架，先由我按照这个框架汇集一些可能用得着的资料，粗略理出一个初稿，然后交给张老师根据政协常委会发言的需要，进行结构重组、编删和修改，并最终形成了《关于建设社会主义新农村问题的思考》这篇文稿。这是张乐岭老师在省政协常委会上的发言稿，因而文稿中有“这次常委会把这个问题作为会议主题”这样的说法。不幸的是张老师在这次常委会后竟然一病不起。现在我把这篇没有来得及最终完稿和发表的稿件作为张老师的一篇遗作附录在此，作为对张老师的思考记录的珍藏和永久的纪念。

需要说明的是，张乐岭老师原计划要对这篇文稿继续修改完善，并在文稿的开头空白处，写下了下面准备修改的内容提示：“新农村建设的任务：(1)(农村社会被市场化)撕裂后的重组；(2)村村通公路工程；(3)信息网络工程；(4)农田水利基础设施建设；(5)社区民居工程(村民居所工程)；(6)道德文明建设工程；(7)义务教育工程；(8)社会保障工程……”同时，就这篇文章的内容来看，写这篇文稿的时候，我们当时对“十一五”规划纲要和中央一号文件关于新农村建设方略的理解，与今天我国新农村建设和城市化的实际进程也有某种程度的差异，当时我们理解的新农村建设重心是农村就地城市化和小城镇化，今天的实际进程更像是农村人口向城市转移的中等城镇化和农民市民化。对于这篇文章，张乐岭老师今天已经不可能再继续修改了，似乎也不需要再修改了，因为我国城乡一体化建设的实践进程，正在以其刚毅强劲的步伐，不断修改着我们当时的理解和设想。正因为如此，这篇文章反而有了特殊意义，它是我们在农村城市化进程中特定阶段的认知水平的一个历史见证。

最后，愿张乐岭老师在天国他乡，继续关注我们的新农村建设和城乡一体化进程，直到永远、永远……

附录：

关于建设社会主义新农村问题的思考

张乐岭　张锡恩

“十一五”规划和2006年中央一号文件，都把建设社会主义新农村作为我国现代化进程中的重大历史任务，并规划了建设社会主义新农村的宏伟蓝图，人们以极大的热情关注和研究新农村的建设问题。这次常委会把这个问题作为会议主题，下面谈谈我们关于社会主义新农村建设的一些想法。

（一）社会主义新农村“新”在何处

建设社会主义新农村不是一个新概念，上世纪50年代以来党的文件中曾多次使用这个提法。现在中央提出的社会主义新农村建设“新”在哪里？国务院发展研究中心农村经济研究部部长韩俊指出，现在中央提出的社会主义新农村建设，“新”在三个方面，即具有新的背景、更丰富的内涵和更全面的目标、更完整的系统思路。我们认为，应当从这样的“总体上”把握新农村建设的背景、内涵、目标和思路。社会主义新农村建设的“新”，具体表现在：

（1）与人民公社时代的农村相比，今天的社会主义新农村是社会的新农村，而不是国家权力延伸的行政村；它具有更多的社会性，是村民生活的场所，而不再是服务于巩固政权的斗争场所；它以社会主义市场经济为基础，而不再以国家统一的计划经济为基础；在农村与政府的关系上，它不再是政府索取的对象，而成为政府帮助、扶持、反哺的对象。

(2)它不同于20世纪30年代以晏阳初和梁漱溟为代表的乡村建设。当时的乡村建设以土地私有为基础，以乡村教育为支点，以人口过密逼迫的工业化为出路；今天的社会主义新农村建设以土地公有为基础，以村民自治为支点，以市场化整合为途径。

仅就村民自治来说，它与城市的居民自治具有不同的性质和特点。村民自治带有单位自治的性质，农村的社会关系在主体上还是以历史遗留下来以宗法关系为主的社会关系，村民间的联系主要依靠这种关系；农村主体居民大多从事一样的工作，即以务农为主；农村居民没有享受到真正国家公民的待遇；农村教育、生老病死、社会保障等等，尚未纳入国家管理的范围。城市居民自治带有社区自治的性质，是真正的社区自治，多单位、无单位的居民自我管理，这种自我管理以国家对居民的社会保障为前提。因而，农民正面临着被市场化不断地撕裂、急剧地撕裂和不断重组的过程，这使得“三农”情况正在发生着天翻地覆的变化。也就是说，农村如果算作一个特殊社区的话，它是一个极不稳定的社区，对于这种无论是人员流动造成的，还是由于其他原因造成的不稳定性，要实现比较稳定的规范自治和社会稳定是极其困难的。因而，村民自治的未来发展方向必定是一种由市场化锻造和进行重组后的自治。目前凡是自治比较好的地方，如华西村、将军村、南山集团等等，都是被市场化重组后的自治。因此，推进农村社会市场化的进程，同时也是推进村民自治的过程。

(3)它不同于上个世纪30年代苏联的社会主义“农庄”建设。当时的苏联农庄实际上是以村为单位的小农场(全国共2000多万个农户，20多万个农庄，平均一个农庄100个农户左右)，一切生产资料公有，农庄庄员都是农庄工人，没有任何私人间的交换，他们是生活在农村的农业工人。斯大林搞的这种农庄不是列宁提倡的合作社。列宁的合作社是做买卖的经济组织，根据自愿的原则首先从供销领域把农民组织起来，农民保持自己的独立地位。而斯大林的集体农庄则是从生产领域把农民强制组织起来，农民失去自主的独立地位和财产，变成一无所有的农业“无产者”。同时集体农庄只是为国家耕种土地的一种生产单位，苏联宣布实行农产品的义务交售制；规定集体农庄的首要任务是向国家交售农产品，粮食的交售额占产量的32%～43%；苏联政府于1932年12月31日颁布一道命令，在国内恢复身份证（沙皇时期实行过）制度，没有身份证便不能迁徙，而农民却没有身份证，只能像他们的祖先那样被牢牢地束缚在土地上，失去任何独立性；集体农庄并不保障庄员的生活，农庄庄员养活全家的真正依靠是一小块宅旁园地；因而其身份更像是西方封建领主统治下的农奴，首先无偿完成国家的农场耕种和交售任务，然后再耕种自用的份地以养活自己。今天的社会主义新农村建设，是整个国家市场化进程的一部分，村民都是市场的独立主体，每个人、每个家庭都在国家法律范围内谋求利益最大化，村民的利益格局会不断被市场化解构和重组。

（二）社会主义新农村建设中过去有哪些教训

中国关于农村建设方面与前苏联有着十分相似的教训。在苏联工业化时期，关于工业化资金来源的问题曾经发生过著名的大争论。其中以普列奥布拉任斯为代表的经济学家提出一种所谓“社会主义殖民地理论”。在他写的《新经济学》一书中提出，资本主义国家工业化的资金来自对殖民地的剥削和掠夺，社会主义国家不能、也不可能剥削和掠夺殖民地，但是工业化同样需要大批资金，只能把农民、农业、农村当作社会主义工业化的殖民地，通过对农民的剥削积累社会主义工业化的资金。斯大林激烈地批评了普列奥布拉任斯基的理论，提出社会主义工业化资金来源不能走资本主义的掠夺道路，只能走自力更生的内部积累道路，即依靠社会主义工业提供的利润和勤俭节约。但是在当时现有的社会主义工业所能提供的利润极少，而在经济极端落后和贫穷的俄国，依靠勤俭节约也只是杯水车薪，不能解决问题。因此，在实际的工业化过程中，斯大林不得不悄悄地采用了把农业当作社会主义工业化殖民地的方法，利用价格剪刀差对农民进行了残酷的剥削。在新中国社会主义建设开始后，毛泽东曾总结说："苏联的办法把农民挖得很苦。他们采取所谓的义务交售制的办法，把农民的东西拿去太多了，给的代价又极低。他们这样来积累资金，使农民的生产积极性受到极大的损害。……我们对农民的政策不是苏联的那种政策，而是兼顾国家和农民的利益。"但是，在实践中，由于快速工业化带来的资金困难问题，我们仍然采取了把农民挖得更苦的办法。

(1)过去国家对农村的索取是极其严重的。国家向农民索取了多少呢？据统计，从社会主义改造完成到1978年，一般的说法是索取了(这里的索取不是指一般的税收，而是通过价格剪刀差额外索取的部分)6000亿～9000亿元；从1978年到2005年，在不断呼喊减轻农民负担的情况下，结果又向农民通过摊派提留之类的方法向农民索取了12000亿元。另一种更细致的研究成果是：我国农民每年负担的间接税近5000亿元，这些间接税大量流向工商业发达的大中城市或通过分税制上缴中央。此外，农民还承担了因"工农产品价格剪刀差"和因土地等资源被征用补偿不足这两项"暗税"，其中因"剪刀差"由农业部门流向城市工商部门的资金每年平均高达811亿元，因征地等补偿不足向农民索取的"暗税"平均每年至少有1712亿元。

(2)过去的村民自治,是按照政策交足税款和各种提留摊派之后的自谋生存,是国家向农民索取之后让农民自谋生存的一种“甩包袱”办法,而不是国家帮助下的自谋发展。

(3)过去国家对农民的评价是不公正的。全国上下几乎都说农民水平最低。想当年,农民接受了共产党的宣传,不怕牺牲,跟着共产党打天下,使得中国的革命战争成为农民战争,中国的革命成为农民革命。但是,革命成功后,却莫名其妙地形成了一种观点——农民落后,“严重的问题是教育农民”,等等。直到现在,中国的主流意识仍然认为农民素质水平最低,农民觉悟最低,以至于发生了德国教授专门调查中国农民水平的情况(结果当然是相反,中国农民很会计算投入与产出的效益分析,德国教授认为,中国农民是世界上素质水平很高的农民。中国的一些学者,如北京大学潘维教授也认为,中国的农民素质水平很高)。这个情况说明:“三农”问题的严重性是过去国家索取的结果;通过喊一些口号或者制定几个文件,是不能解决“三农”问题的;必须转变国家管理的基本理念,深化国家政治体制改革,解决“三农”问题才有出路和希望。

(三)建设社会主义新农村的可行性途径是什么

现在到了国家反哺“三农”的时候了。国家出台的几个文件,带有向农民施舍、恩赐的特性。但是,这种施舍、恩赐是极为重要的,现在必须给予农村、农业、农民极为慷慨的帮助或援助。

(1)过去国家对农民的索取使得我们较快地实现了工业化,现在需要国家拿出财力促进农民的现代化。

(2)仅仅向农民施舍、恩赐是不够的,要尽快改革政治体制,把农民纳入国家的公民管理范围，使农民享受到国民待遇，与其他阶级阶层一样，成为国家的主人。

(3)现在在农村推行自治，不能放手不管、“甩包袱”，而是在推进农村市场化的过程中，逐步完善自治的制度、体制、机制。

(四)建设社会主义新农村需要进一步研究和探讨的问题

(1)关于村民自治的组织建设问题。现在面临的实际情况是，原有村组织功能丧失，现在很多村只是个形象符号，村没有任何实际功能了，《村民组织法》在那里没有概念。这是个真实的问题，至少在很多地方是这样。原来的村组织几乎失效了。怎么办？李昌平先生2005年4月19日曾经在山东大学政治学与公共管理学院作过一次报告，他提出的意见是，包括原来的党支部、村委会、共青团等，都要变成一种竞争性组织，可以参加村办工程的竞争，要改变原来的以家庭竞争为格局，变为以组织竞争为格局。在李先生设计的方案中，“村发展委员会”凌驾于其他组织之上，委员会的主任兼支部书记，副主任兼村主任。但是这样的结果是党组织的领导地位和作用退出了整个农村，也就是党在农村地区放弃了领导。这在实践中并不是可行的。另外，李昌平先生设计的这些组织都参与竞争，但是这些组织都不是市场竞争主体组织，而是社会管理性和政治性的组织，由其参与竞争，会产生更大的社会问题。但是随着农村市场化进程的加快，农村必然经历一个新的市场主体建立和重组的过程，将来的格局不会是以不是市场主体的组织竞争为格局，而会是以市场主体组织竞争为格局。同时即使解决了农村的竞争性组织建设问题，还是没有解决村民自治、自我管理、自谋发展的组织建设问题。因此，如何在村民自治法的范围内解决村民自治的组织建设问题，是建设社会主义新农村的最重要的问题之一。

(2)关于城乡一体化建设问题。什么叫城乡一体化？首先是生活方式、生活结构一体化、国民待遇一体化，或许还包括一部分居民居住区的就地城镇化。目前为了解决进城务工问题，很多地方都有“春风行动”“农民工专场招聘会”等等。那么农民进城务工到底是不是农民脱贫致富的有效手段？肯定不是！因为农民工的待遇特别低，干的活特别累、特别脏，靠进城务工解决家庭温饱问题可以，但发财致富的人绝无仅有；如果有的话，也是因为通过务工学习到了某种经验或者技术，创办了经济实体或参与到某种经济实体的管理或者权益体中，获得了务工之外的利益。同时，有关文件还规定了要把“安排了多少农民工就业”作为考核当地政府政绩的指标之一，效果会如何呢？这也是个不定数，因为在目前体制下，政策缺乏统筹性，很可能会出现安排了1万个农民工，而下岗了10万个市民工的情况。这种和谐了农村，分裂了城市的情况，既不是我们政策的出发点，更不是我们政策的必然归宿。因而关于城乡一体化的道路或者农村城市化的道路问题，仍然是需要深入探讨的问题，但其核心问题和首要问题是要解决农村居民与城市居民身份平等的问题。

(3)关于建立农村社会保障制度问题。中央一号文件中提到“切实维护农民的民主权利”，那么农民有哪些具体的民主权利？首先是生存权，其次是发展权。这就要求具有受教育权、公民权、劳动权、休息权、发展权、政府救助权、社会保障权等等。社会保障制度就是要保障这些基本的人权得到实现。但是这样的制度建设需要极大的财力支持，因而必定是一个缓慢的过程。比如，2006年3月1日，新的《农村五保户供养工作条例》规定，“五保户”供养资金的来源由原来“从村提留或者乡统筹费中列支"改为"在地方人民政府财政预算中安排",这好像是一个很有希望的变动。但是,就当前的实际情况来说,地方政府的财政非常困难,许久以来就有"中央财政金碧辉煌,省级财政稳稳当当,地市财政摇摇晃晃(勉勉强强),县级财政亏空精光"的说法,至于乡镇财政,据统计平均每个乡镇负债500万元。因此,要从哪一级财政预算中安排呢?上级地方财政可能不会安排,但是县级财政和乡镇级财政又无能力安排,因此这是个不定数,不能说制定了一个文件,问题已经解决了。

(4)关于土地征用制度问题。中央提出坚持最严格的耕地保护制度,加快征地制度改革,健全对被征地农民的合理补偿机制。如何把这项政策落到实处,还需要探索可行的途径。现行有关法律规定,政府有强行征地的权力。对于新农村建设来说,面临的危险是多方面的,其中一个最大的危险就是在土地开发的名义下强制征收农村的土地。有人说在目前体制下,有些地方政府也在谋求利益最大化,那些被强行征地的农民可能会失去最后一块藏身的场所,失去最后一块生存的土地依托。国外不少专家把目前进行的土地开发称为"新圈地运动",国内不少专家也强烈呼吁重视这个问题。近几年来查处的绝大多数大案要案,大都与征收与倒卖农村的土地有关。李昌平先生提出,如果制定不出一个产权明晰的土地制度,那么目前正在进行的西部大开发,可能成为对西部农民最后的生存资源(土地)的一次大掠夺,对那里的农村建设将是一种灾难。有学者指出,土地的地租应成为村民的资本和新农村建设的经济基础。李昌平先生提出可以设立"土地银行"制度,即农民把承包的土地入股土地银行,可以用土地承包经营权抵押贷款,这样既保护了土地资源,可以集中土地使用,发展多种形式的适度规模经营,也有利于农民分流转产。但是,现在土地国有是前提，现在的政府是土地出纳。要政府由“土地出纳”变为“土地银行”吗？以土地承包权抵押贷款，这里的问题是土地承包权并不是持久不变的，政府有征用土地权，承包权还有什么意义？现在，政府正在大量征用和出售国有土地等资源，西部如何才能把土地作为自我开发的资源，而不是被外来者赚钱的资源（工具、资本）？这仍是值得深入探讨和解决的问题。

（5）关于“乡财县管乡用”的财税体改革问题。中央提出，坚持“多予少取放活”，加大各级政府对农业和农村增加投入的力度，扩大公共财政覆盖农村的范围，强化政府对农村的公共服务，建立以工促农、以城带乡的长效机制。这无疑是重大的决策。但是，为了保护乡财的有效使用，中央提出有条件的地方可以尝试“乡财县管乡用”。其效用会如何？在目前体制下，这是个极大的不定数，因为很多县级财政处于“亏空精光”的状态，让这些“饿极了的县财政”去管理“濒死的乡财”，无异于请“狐狸看守鸡窝”。国家对基层“竭泽而渔”的财税体制亟待改革。

（6）关于农村教育问题。中央提出，加快发展农村义务教育，着力普及和巩固农村九年制义务教育。2006年对西部地区农村义务教育阶段学生全部免除学杂费，对其中的贫困家庭学生免费提供课本和补助寄宿生生活费，2007年在全国农村普遍实行这一政策。继续实施国家西部地区“两基攻坚”工程和农村中小学现代远程教育工程。建立健全农村义务教育经费保障机制，进一步改善农村办学条件，逐步提高农村中小学公用经费的保障水平。加强农村教师队伍建设，加大城镇教师支援农村教育的力度，促进城乡义务教育均衡发展。加大力度监管和规范农村学校收费，进一步减轻农民的教育负担。同时，大规模开展农村劳动力技能培训，提高农民整体素质，培养造就有文化、懂技术、会经营的新型农民，是建设社会主义新农村的迫切需要。这无疑是建设社会主义新农村的战略决策，必须加大力气把这项政策落到实处。

(7)关于农村合作经济问题。中央提出，发展农业产业化经营，要着力培育一批竞争力、带动力强的龙头企业和企业集群示范基地，推广龙头企业、合作组织与农户有机结合的组织形式，让农民从产业化经营中得到更多的实惠。这就是说，发展合作经济实际上是应对农村市场化的一项对策和可能途径。从世界历史经验看，走合作化道路，几乎是农民走入现代社会的唯一途径。如北欧瑞典等国家，那里的农民不仅没有像马克思说的那样必然被大工业的发展所消灭，而且依靠合作组织，依靠自己的力量发展起来现代工业，成功地走向世界市场，从而实现了自身从传统农民到现代知识农民和现代市民、现代工人的转变。因而，现在我们需要积极探索目前条件下中国农民可能的合作道路和具体合作形式，并由政府给予大力支持和扶植，走出一条中国特色的合作经济之路。

回忆乐岭老师

夏桂清

我和张老师相识是从1975年开始的。那年9月,我被200师宣传科推荐至山东大学学习,成了山东大学75级政治系学员。入学第一学年,住在山大农场。闲置的工房和库房,成了我们的宿舍和教室。在一个气清天朗的早晨,我们刚吃完早饭,一位干练潇洒30岁出头的青年教师满面春风地来到我们中间。有人介绍说:"这就是给我们讲党史课的张乐岭老师!"大家立马就围了过来,他微笑着同我们一一拉了手,说:"本人水平不高,但非常乐意与你们一起努力,把党史课学好!"

20世纪初,中国共产党为什么能够风云般地登上历史舞台?上课了,张老师简要地介绍了自己的情况和党史课程整个计划安排后,首先给大家提出了以上的问题,并说:"这就是今天我给你们讲的第一节课——中国共产党成立的历史条件。"这种设问式的方式,一下子就把大家的注意力和兴趣吸引过来,调动起来。他从"十月革命一声炮响,给我们送来了马克思主义"开始,讲了党成立的理论基础;从五四青年运动和工人大罢工方面,讲了党成立的阶级基础;从当时中国存在的三大矛盾,讲了党成立的社会基础;从各地共产主义小组的建立和活动,讲了党成立的组织基础。他的授课不仅观点鲜明、逻辑性强,而且穿插了很多人物故事,情节生动、有趣，引人入胜，一堂课不知不觉就结束了，大家自发地报以少有的热烈掌声。课后，大家意犹未尽，又围着他，问这问那，七嘴八舌地交谈着，再一次进入“课后课”。看得出，张老师虽然略显疲劳，但看到同学们高昂的学习热情和求知欲望，特感欣慰和高兴。

“让亲历者讲史实，亲切感人、真实可信、印象深刻。”这是张老师和他的学生们，在党史教育进入社会大课堂后的又一共同体会。为强化效果，学校安排了课外教学计划。其中，讲“抗日战争时期”到海阳县赵疃大队讲学，聘请抗日英雄（地雷大王）赵守福、于化虎讲述胶东地区地雷战片段；讲“解放战争”到潍县战役旧址参观学习，并请当年的战斗英雄和支前模范作报告；讲“新中国建立到合作化时期”到栖霞县西荆介大队学习调查，同时请当地干部介绍组织互助组、合作社等情况。这几个地方是山东地区在党的历史上很有影响的教育基地，为了提前作好准备，我有幸随张老师一同前往，做教学前的调查工作。当时的交通条件十分落后，我们除了坐汽车和火车以外，多数情况下是用两条腿赶路。一次，我们从栖霞桃村小站下了火车，已是很晚，只能就近住在马车店里，一个稍大一点的屋里挤了十多个人。用来驱蚊的烟雾熏得人眼泪直流，呼吸都困难。我对张老师说，你今天真的是“和工人农民画等号了”。那几天，我俩一直是早出晚归，风雨不停地进机关、下农村、访名人，认真细致地落实教学需要的人和事，具体安排了基地教学的报告人、采访户、参观点。开门办学期间，张老师和大家同吃同住同劳动，白天一起走访调查，晚上组织讨论。不仅和学生们打成一片，而且和当地农村的干部群众，特别是老党员、老英雄、老贫农一起坐在地头、炕头，忆过去、聊家常，情真意切、亲如兄弟。不少同学说，张老师“不仅是党的优良传统宣讲者，更是党的优良传统践行者”。因为吃住条件差，加上劳累等原因，他得了肠胃炎，拉肚子，但仍然坚持上课和劳动。后来，大家看他实在不能坚持了，赶紧派人把他送回济南治疗，以便早日康复。

我们班的同学，普遍对张老师生动活泼的讲课方法印象深刻、难以忘怀。他在党史教学中，善于抓住关键，着力在“关键的时节、关键的人物、关键的事件”上下功夫；注重讲清“史实”，情节生动、曲折感人，以事论理、以史立论；擅长运用数据、图表。诸如，“五次反围剿”“四渡赤水”“长征路线图”等等，一图胜千言，大家印象深、记得牢；板书精美，一手漂亮的仿宋体和流畅的行书；语言干净利索、生动有趣，做到了言之有理、言之有物、言之有序。一部苦难辉煌的党史，像一幅历史的画卷长久地镌刻在同学们的脑海里。

一晃三年的大学生活结束了。1978 年 8 月，我又回到原部队工作，继续从事部队的思想理论教育。经过大学深造，再干老本行，自感功底厚了，底气足了。然而，一遇到实际，又觉得“问题不少”。那年底，正值中共中央召开十一届三中全会。那是一个历史性的转折，是我党思想理论上拨乱反正的重要阶段。人们经过“文化大革命”的影响，思想上的禁锢很多，一时很难适应过来。作为分管部队思想教育者的我，同样有着不少思想“扣子”。我利用济南军区在济南举办理论骨干培训班的机会，专程到张老师家里，一面看望老师，一面请教问题。他非常耐心地给我讲了他自己对十一届三中全会的理论路线方针政策的理解。我印象最深的、最重要的一点是，他说，从我们党的历史上看，凡是符合当时当地历史条件的理论路线方针政策，基本上都是正确的；凡是脱离中国实际情况的理论路线基本上都是错误的。一句话，实践是检验真理的唯一标准。只有从根本上端正思想路线，才能更好地理解党的新的理论。真是“与君一席话，胜读十年书”。这次谈话时间不长，但对我的影响非常之大。不仅对以后的学习起了重要的作用，而且至今难忘，终身受益。从此以后，我们一直保持着亦师亦友的关系，往来不断。

1985 年 3 月，我所在的部队接到中央军委的命令，赴云南边境老山前线担负防御作战任务。部队自朝鲜战争归国后，30 多年处在和平环境里，基本上没有打仗的经历。虽然在总体上官兵求战情绪高涨，斗志旺盛，但毕竟还有部分人员表现出担心情绪。我作为集团军政治部宣传处长，对部队宣传教育鼓动的任务繁重、压力较大。说来真巧，当时担任山东大学党委宣传部长的张乐岭老师，正在全校组织开展“战士在我心中”的活动。生物系郭琳、刘红等八位女大学生，怀着对前方战士无比崇敬心情，精心绣制了“八颗丹心向红星”的锦旗和一封感人肺腑的慰问信，邮到了我参战部队某团高机连，在所在团队引起了强烈的反响。山东大学党委及时抓住这一典型，在全校开展了轰轰烈烈的“战士在我心中”活动。不久，这一活动很快由大学生推广到广大青少年，从山大校园推广到社会各个角落。一个群众性的“战士在我心中”活动很快遍及山东、遍及全国。

“祖国的哨兵，时代的骄子，南疆的勇士，为了祖国的母亲——让我们在各自的天地里贡献自己的一切吧！”“胜利属于强者，我最敬佩的除了军人还是军人。敬礼，最可爱的人……”这一封封鼓舞斗志，催人奋进的赠言不断地邮往老山前线。战士们心情激动，热血沸腾。“大学生们对我们这样理解和敬重，我们一定要珍惜军人的荣誉，用勇敢的杀敌行动捍卫祖国的安全，做一名无愧于时代的热血青年，才能对得起祖国和人民。”老山前线所属部队广泛开展了“祖国在我心中”活动。随着“双心”活动的深入开展，祖国大江南北，形成了一股强大的拥军爱国洪流，谱写了一曲时代的乐章。

每逢佳节倍思亲。1986年春节期间，山东大学党委副书记乔幼梅、宣传部长张乐岭，亲自带领以八名女大学生为主体的赴老山前线慰问团到前线和战士们一起欢度春节。他们在前线的猫耳洞、堑壕和病房里，与官兵一起交流"双心"活动的体会，互相学习，共叙友谊，两颗红心叠印，欢笑与泪水交织。每次深入一线部队慰问，乔书记、张部长总是走在情况最复杂、险情最多的地方。战士们亲眼见到了理解和关爱自己的亲人，一同出现在堑壕里，既为他们的安危担心，更为他们的精神所感动。集团军一位首长得知我和张老师在山东大学是很熟悉的师生，特地把我们拉到一起说："真是巧合！没想到当年山大校园里的一对关系密切的师生，如今成了老山前线两个宣传鼓动的战友！"张老师在老山前线，看到南疆官兵在得与失、苦和累、生与死面前，涌现出大量的可歌可泣、感人至深的人和事，心灵受到震撼的同时，陷入了深思：校园里和战场上，同为改革开放年代，同是十七八岁的年轻人。经过血火考验的年轻人，一定能给我们大学教育提供不少有益的启示。他多次同我一起探讨部队战时思想教育的情况。我根据大量的数据与若干典型人和事，向他汇报了一条重要体会：爱国主义精神是广大官兵英勇杀敌、乐于吃亏、勇于吃苦、敢于牺牲的根本动力。他听了以后，觉得这个体会真实而深刻。

山不转水转。1998年，我从沂蒙山区的某师政委的岗位调来济南军区联勤部政治部任职。同饮泉城水，我们联系起来相对方便多了。那一年，张老师刚刚挑起了山东大学党委书记的担子，这对于一个勤于政事、有所担当、有所作为的他来说，更是一头扎到工作中去。虽然我那一摊也是很忙，但毕竟相距较近，总还能抽出时间，相聚一下。我们在一起除了聊一些个人和家庭的事，更多的是关注探讨社会问题、工作问题。我们都感到，市场经济对国家的经济建设、科学发展产生的杠杆作用确实是巨大的、惊人的。但它对社会思想道德建设，确实带来了很严峻的挑战。无论是学校、社会，还是部队里，人的思想道德建设方面工作，任务相当艰巨。张老师对这方面的忧患意识和责任意识是很强的。2000 年 3 月 9 日，他在全国人民代表大会上，就干部作风问题，有一段发言："素质决定作风。一个干部具备什么样素质，就会有什么样的作风相伴随。事实证明，一个人若有科学的世界观和人生观，面对名利、权力、色情，就能保持理智，做到防微杜渐，存正气，禁贪欲；就能保持和发扬党的优良传统和作风，密切联系群众，真正做到说老实话，做老实人，办老实事。"最近读到他这个讲话，联想到他平时的言谈举止，待人处事，深深感到这恰是他几十年的知识积淀，几十年的经验总结，几十年的人生感悟，是他为官、做人、做事的"经验之谈"。他勤奋好学，工作踏实认真，任劳任怨，和蔼可亲，平易近人，严于律己，宽厚待人；他呕心沥血，全心全意育才树人。这些在山大有口皆碑。我们班有两位品学兼优、年轻优秀的同学倪明远、费利群，他们留校任教后，比我们其他同学更有机会在张老师的关怀下成长。尤其是至今还在山大任教的费利群老师感受更是深刻。她说，敬爱的张老师，在那种特殊年月里形成的师生情弥足珍贵。他对毕业留校的弟子不仅在生活、工作、适应社会、成家立业方面关爱有加，而且在学生事业、学术发展、担当社会责任方面悉心指导。如果说自己在校 35 年间还取得一些进步的话，第一个应该感谢感激感恩的人，就是张老师和师母郭老师。

天有不测风云。2006 年下半年，张老师病重住院。我是在带领慰问团去苏丹慰问维和部队的途中，得知了这一消息。心想，一般的病，他平时不在乎，既然住院，可能不轻。我在心里默默地为他祈祷祝福。回国后的第一天，我处理完手头的急需办理的工作，就冒雨赶到齐鲁医院。院里分管领导和主治医师，给我比较详细地介绍了他的病情诊断和治疗方案。看得出，医院对这位德高望重的山大党委书记的治疗高度重视，非常负责。我作为他的学生，对医院方表示了衷心的感谢。考虑到医生告诉我他刚睡着，又不大能说话了，我怕打扰他休息，看了一眼，就准备离开。那位主治医师看我对张老师非常关心，坚持帮我把他叫醒。他醒了后，看到我，很快就明白过来。我坐在他的床边，对他说："医院对你的疾病治疗非常重视，很有信心，请你放心，要积极配合，定能好转！""好人一生平安。大家都知道你是一个大好人，一定会平平安安。"听到这里，他露出了笑容。我祝福他好好养病，争取早日康复。话虽这样说，但心里知道，治好不是一天两天的事。离开了医院，我的心情很是沉重。打那以后，虽然没常去看他，但心里时常想着、挂着、盼着。一等再等，一盼再盼，等来的却是不幸的消息，2011 年 10 月 19 日 14 时 30 分，他在病榻上抗争几年之后，还是驾鹤西去，离开了他一生热爱、奋斗的山大，离开了他的亲朋好友。

师恩如天

——怀念我的恩师张乐岭

周　锋

1986年,是我的幸运年。这一年,我完成山东大学本科学业后继续在学校攻读硕士研究生,我人生中第一次有了专业学习的导师——著名的中共党史和科社理论研究专家、山东大学教授张乐岭先生。万分幸运的是,我的学业导师最终成为我人生的恩师。恩师一生被公认的崇高政治品质、高尚人格力量和严谨治学精神,28年来始终激励、鞭策着我前行。如今,恩师已仙逝三年。这三年来,我常常期盼遥远的天堂悄然飘来铭记在我心灵深处的恩师的音容笑貌,细细体会恩师对高教事业及社科理论学术研究的杰出贡献,真切感怀恩师传导给我的精神财富和无私关爱。

恩师政治坚定、是非分明,在处理学校复杂事务中表现出了高超的领导水平、丰富的专业知识,从方法论上给予了我专业学习最重要的指导。我学习、研究的专业是“中国特色社会主义”,这是当时系里刚刚设立的硕士研究生课程,与现实社会发展联系紧密,在全国具有开创性意义。恩师以他深厚的专业知识、科学的方法、辩证的思维、宽广的胸襟,特别是他对现实问题的把握能力,引导我读哪些书目、着重搜集什么资料、跟哪些专家访谈,指导我如何分析问题、如何抓到问题的实质、如何找到解决问题的关键。特别是借助1986年至1989年的社会现实发展提供的丰富材料,理论联系实际，从政治上、思想上、思维上给予具体指导。他还专门听了我给应届班学生上的一堂课并予以指点，不断提高我分析问题、解决问题的能力。现在每当工作中遇到复杂事情时，我都会想到恩师当时的教诲，从而正确把握和解决问题。恩师对我三年的培育让我终身受益。

恩师宽厚待人，一身正气，在培育学生的工作中表现出了无私奉献、品格铸人的精神力量，从心灵深处给予了我开拓前行的动力。在本科学习时，各种知识、各种观点、各种社会现象开始激发我学习、研究的兴趣，研究生的光环更让我对人生、对未来、对国家、对社会有着更加美好的憧憬。我如一叶启航的轻舟在无垠的学海里艰难行进。三年里，我虽曾有过迷茫，有过不解，有过懈怠，但始终有一种力量拉着我、引着我、推着我不停地向前走。这个力量是定力，来自于恩师的传导。记得恩师时任学校党委副书记，主要负责宣传和学生工作，不断面临新情况新问题，恩师都以坚定的政治定力，解放思想、实事求是、开拓创新，让一个个难题迎刃而解，赢得了师生的敬重。而恩师只能利用晚上、休息日、节假日为我授业、传道、解惑，指导我的学业。我无法记清多少次走进恩师的家门，无法记清记录了多少本笔记，但恩师繁重工作之下对我的悉心指导，让我更加珍惜来之不易的学习机会，同时，也让我多了一层对恩师师道的用心体会。每当我聆听完恩师教诲、讨论完相关问题离开恩师家时，恩师都要下楼送我离开。起初以为是恩师对学生的客气，次数一多感觉是恩师平等对待学生，以至相互尊重。1987 年冬天的一个漆黑夜晚，恩师如同往常送我，告别话语后我快步离开，走出直道拐弯时，偶然回头，我看到恩师迎着寒风，站在路灯下目视着我离开的方向。这是我完全没有想到的画面，我潸然泪下。直到这时，我才感觉到，这是恩师对我慈父般的爱啊！此后，虽然天色不一，但此情景常在。我的恩师，社会敬重的教授贤达、学校的领导人，就这样用他的爱心培育着他的这个学生。这种爱有关注、有陪伴、有鼓励、有推动，传递给我强大的信念，使我坚信我前行的过程中，总有公道正派的人在后面默默地支持着我。这成为令我血液沸腾的前行力量，在我心中扎根、固化、坚定。我的人生旅程就此融入了这种坚定的力量，每当遇到“沟沟坎坎”时，“恩师的目送”本能地闪现在脑海，激励我无所畏惧、决不后退、勇往直前。

恩师生活俭朴、富有爱心，视学生为家人，对学生关怀备至、呵护有加。山东大学是山东省的最高学府，当我结束十年寒窗苦读、“金榜题名”，被这所大学录取时，全家人的喜悦中总是散发出一种愁苦。俗话说，金窝银窝不如家里的草窝。独自一人外出求学让全家人既担心又牵挂，更何况山东当时确实也不是个“富窝”，记得有一位本可成为同班同学的上海人，到校当天就退学了。四年本科光阴，学业充实，同学情深，但生活艰辛，游子的感觉很明显。攻读硕士三年，却渐渐心宽神定。这与生活在山东时间久了越来越适应固然有关，而心底的情感认同是更重要的原因，这就是恩师给了我家庭的温暖。恩师家庭并不富裕，双职工两个孩子。但恩师和师母用博大胸怀教书育人，像对待自己孩子一样真情爱护学生。三年时间里，我蹭吃的饭、顺便吃的饭、做客吃的饭，各种情况下在恩师家吃饭，从拘谨到安然，从不好意思到心有期待，是越吃越自然，到毕业前几天，吃住都在恩师家了。我的师母郭桂英，也是令人敬仰的教授，她和恩师亲人般地照顾我的生活，关心我的健康。她就如同我的母亲般呵护着我，衣服脏了帮着洗、破了帮着缝，病了嘘寒问暖送上药，遇到不开心的事儿，她总是拉拉家常开导我。一个远离父母的平民家庭的学生，感受到的是浓浓的家庭的爱，是胸襟宽阔的无私师爱，是人间大爱。在恩师关爱下，我集中精力学习、研究专业，同时心中始终盛开着友善之花。

恩师为工作殚精竭虑，对家庭饱含深情，他身上充分体现了中华民族优秀的孝亲品德，给我树立了家庭关系的永恒标杆。研究生三年级时，我做论文忙毕业，但就业也是必须要考虑的问题了。当时系领导有意留我在学校工作，同学们也都希望我留在泉城。我也有过多种考虑，唯一没有考虑的是回家乡工作，因为7年的青春留在了山东大学。1988年秋季，我父亲难得有机会到外省出差，特意途经济南，看看我上学的地方，看看我的恩师，也向恩师了解我的情况。恩师在繁忙中安排出时间接待我父亲，接待地点就在恩师家。记得那天师母不在家里，我按照恩师要求，下午一人在家里做着接待父亲的准备，烧了几个风味独特的菜。晚上，恩师和父亲对饮畅谈，他们说了很多话，似乎早就相识。第二天，恩师对我说，要尊重你父亲的意愿，还是回江苏工作吧！这样离父母近点能够多尽孝。事后，我问过父亲是不是他向恩师提出我回家乡工作的要求，父亲说他有这样的想法，但没有明确提出这样的要求，他只是说我作为家中长子，离家近点才好。恩师从中体察到了我父亲的心思，并予以尊重。恩师和父亲的这次见面，是他们唯一一次见面，不仅对我的工作区域作了决定，更是一直影响着我。这件事情体现了恩师内心淋漓尽致的孝为人本的品德，这种品德是家庭幸福和睦的根基。恩师给我树立了榜样，我处理家庭关系始终立于孝，让我得到了牢固的亲情。我回江苏工作后，每次和恩师通电话，他都要问问我父母的身体情况，并要我代为问好。

师恩大如天，师恩深似海。我的恩师张乐岭先生，犹如矗立的高山令我敬仰、给我依靠。我永远怀念他！

德才双馨桃李情

——缅怀我的恩师张乐岭先生

王韶兴

泽被桃李，羡其才高；高山仰止，慕其德馨。

细思量，永难忘，张乐岭老师离开我们已经整整三年了。青山在，人已去，但他的音容笑貌犹在眼前，谆谆教诲仍在耳畔。永远忘不了他的正直、善良，他的温和、慈祥，他的博识、多才，他的谦虚、严谨。他留下的千车万船装不下的精神财富；他犹如一盏熠熠生辉的明灯，照耀着许许多多的山大人，引导着无数师生在求学求知的道路上浩浩荡荡接力前行。

三十多年弹指一瞬。我刚到山东大学读书时还是二十多岁的年轻人，怀揣美好梦想，憧憬精彩未来。而当时的张老师，也是充满激情才华横溢的中青年教师。永远忘不了我在山东大学科社系读本科的1981年，张老师给我们讲授“中共党史”课，他秉承了山大的光荣校风，治学严谨，授课认真，态度和蔼，说话风趣，举例幽默，一下子拉近了师生之间的距离，让我们体验到了课堂上师生情感共鸣的愉悦。法国启蒙思想家卢梭曾说过：教育的艺术是让学生喜欢你所教的东西。整个教学过程不仅是学生与教师思想的互动和交流，形成共同的认知，更是一种情感的互动。张老师讲课犹如和风细雨，滋润着我们的心田；又如电闪雷鸣，震撼着我们的灵魂。每一堂课我们都深受启迪，深切感受到老师的幽默、睿智和无微不至的关怀。这种呵护、关怀与教育，让我们更加爱学习、爱思考、爱探索。从张老师身上我深切地感受到了教育的力量，体味到了“教师是人类灵魂工程师”的深刻内涵，更增强了我对人民教师的崇敬。

对学生来说，最难忘的不仅是张老师的治学，还有他正直无私的高尚品行。他不仅教授我们知识，而且教我们如何做人。至今还清晰地记得张老师为我们上的第一课，他极其认真地对我们讲：知识是人类的财富。求学，就是要踏踏实实，一丝不苟，不要指望走捷径，绝对不要华而不实搞花架子。他要求我们做老实人，说老实话，办老实事，不要玷污山大的荣誉。这句话我不仅记在入学时第一本笔记本的扉页上，而且牢牢嵌入脑海，成为我今生为人做事的座右铭。

张老师博闻强识，学识渊博。长期的知识积累与社会实践，让他在科社学术界较有名气，但他从来没有架子，不仅不厌其烦地耐心向学生们解释教学中的疑难问题，而且善于和大家一起探讨理论与实践，虚心听取别人的意见，帮助大家总结提高，增加感性认识。他态度和蔼可亲，把学生视为子女，把同事视为兄弟，体现了俯首甘为孺子牛的满腔热忱。因此无论什么人都能和他说得来，他的身边团结了一大批热心求知的师生。后来，他相继任职山东大学党委宣传部长，党委副书记、书记等重要职务，也都受到大家一致的拥戴。

张老师无论是作为一名任课教师，还是作为学校领导，都是山大教职员工的榜样。他恪守师道，乐此不疲，不仅为学生释疑解惑，还在学术上刻苦钻研，长期致力于探索党建与科学社会主义理论，始终如一、坚韧不拔地攀登社会科学高峰，促进了理论进步与教学相长。1984 年我毕业后留校任教，从师期间，张老师是我传道、授业、解惑的启蒙者。我除了向老师学习做学问，更向老师学习怎样做人，有问题经常请教张老师，可谓受益匪浅。那些年，我的心里始终亮着一盏灯，一盏锐意进取的灯，一盏正直为人的灯，一盏严谨治学的灯，一盏关爱学生的灯。如今我终于明白，张老师不仅是亮在我心中的那盏灯，而且是保姆，是阶梯，是让我们踏在他肩头的一代巨匠，是代代延续不断奋进、向上的山大精神。

张老师一身正气，刚直不阿。他坚持原则，厌恶附庸风雅的言行，远离趋炎附势的小人，廉洁奉公，深入群众。无论学生还是同事，发现问题他都会直言相告或婉转提示，从来不隐瞒自己的观点。他虚怀若谷，遇事豁达，能够虚心听取来自各方面的不同意见，并不断提高充实自己的理论与实践水平，为山大的校风建设树立了光辉的榜样。记得 2001 年我曾有幸与张老师一起赴俄罗斯参加“亚太局势与中俄关系”国际学术研讨会，会上会下张老师的睿智、敏锐、和善，不仅给俄罗斯同行留下了美好印象，而且也让我对张老师的崇敬之情与日俱增。会上有俄罗斯学者提出要建立“中、俄、印”同盟关系时，张老师非常明确地阐述了中国政府的外交政策，强调中国是不结盟国家，不参加任何大国同盟；而在俄罗斯学者给中国学者过党的生日——庆祝中国共产党成立 80 周年的晚宴上，张老师则满怀激情地唱起了《没有共产党就没有新中国》，以致俄罗斯学者都激动得热泪盈眶，中俄与会代表紧紧拥抱，共同憧憬世界社会主义运动的未来和中国的崛起；当俄罗斯学者陪同我们参观卫国战争纪念馆和无名烈士墓时，张老师不仅认真聆听讲解员的讲解，还非常虔诚地向无名烈士们致礼、献花……张老师还利用会议闲暇到莫斯科大学看望山大在那里进修的学生和老师，关心和勉励，欢声与笑语，是那样的平易近人，可亲可敬。

往事悠悠，历历在目，张老师的音容笑貌永远定格在我的脑海里。工作上他始终兢兢业业、勤勤恳恳；生活上他总是勤俭朴实、乐于助人；学术上他坚持一丝不苟、精雕细刻；张老师始终保有一份洒脱大度的天性和正气凌然的风骨，我们将终生向他学习，将他视为一座高峰，不断地攀登、攀登……

师恩如山，师情如海，倚窗寻望，哀思无尽。张乐岭恩师从 1961 年进入山大读书到毕业后留校任教，直到后来担任学校领导，他 70 年的一生是革命的一生，是勤奋工作的一生，是为党和人民无私奉献的一生。他胸怀坦荡、光明磊落、勤勤恳恳、严于律己、清正廉洁、一身正气，保持了共产党员的光荣本色，永远值得我们学习，鼓励我们义无反顾地前进。当我坐在山大办公室沉思的时候，眼前常常浮现张老师当年教导我们的场景，耳边仿佛又响起了他沉稳有力的声音。作为他的学生，我会时刻牢记老师的恩情、教诲和嘱托，化哀思为力量，认真治学育人，继续从事党政理论研究，坚定不移地继续传承他优秀的品格和厚重、严谨的山大精神。或许，这才是对恩师最好的纪念，也是山大人的本分和共同心愿！

悲哉恩师：天不假年，您的言行笑貌与日同辉。

壮哉恩师：岁月无情，您的飒爽气节永留人间！

我的导师张乐岭先生

王远河

2011年10月19日，张乐岭先生溘然长逝，先生永远地离我们而去。两年多来，常常忆起先生的音容笑貌，令我久久难以平静，为了纪念我的恩师，特撰写此文。

1992年，而立之年的我考上了山东大学这所著名的学府，跟随先生攻读硕士研究生学位。第一次去先生家里拜见先生和师母时，仅仅买了一点水果算是见面礼。第一次见面，心中难免有些忐忑不安，而且有人告诉我先生不仅仅是研究生导师，还是学校的副书记，这就更加重了我的紧张感。见到先生时，他脸上露出慈祥的微笑，亲自动手给我削了一个苹果，聊起了家常，我的紧张感在不知不觉中消失。先生仔细叮嘱我读研期间应该注意的事项，鼓励我多读书，在读研期间多研究一些问题，先生说研究生就是要研究问题的。临走时，先生和师母坚持要我把带来的水果带回去，分给同学们吃，并且反复叮咛今后来家不许带任何东西。

平时先生很忙，为了节约先生的时间，我们做学生的就在每年的教师节和元旦的时候集合起来三五个人一起去看望先生和师母。学生来看先生，总是先生最高兴的时候。每次见先生，先生总是亲自给我们倒水、削水果，关心我们的学习和生活情况，鼓励我们参与集体活动。我的一位师妹网球打得很好，参加过学校的比赛，并且拿过名次，先生对此很感兴趣，认为学生的生活应该是丰富多彩的。我们师生在一起的时候，先生不但没有“官架子”，连老师的架子都没有，在先生面前我们可以畅所欲言，没有一点拘束感。

我因为论文问题多次请教先生，先生的办公室的门经常是开着的，这样大概是方便师生去找他。他的办公桌上三面摆满了文件和书籍，几乎构成了一个“围城”，在门口几乎看不见先生，只有走到桌子旁才能看见先生白多黑少的灰发。先生让我坐下，坐下后我就把准备好的一些问题向先生提出来。先生平时话不多，但谈起学术问题来，总是滔滔不绝。我向先生请教时，有时就有人来找先生，先生这时就会尽快把问题说完，然后把我送到门口，叮嘱我有问题再来找他。

三年很快过去，就要毕业了，我把修改后的毕业论文送给先生，告诉了先生答辩的时间。先生犹豫了一会儿，告诉我答辩那天他要会见一位外国驻华参赞，很有可能无法参加我的答辩。答辩的那天，其他导师都陆续到了，虽然我知道先生有事，但心里还是充满了期盼，站在走廊里不时地向外面张望。就在答辩会即将开始时，先生租了一辆面的匆忙赶过来，直到答辩结束他才匆匆离去。看着先生远去的背影，我想，也许是先生实在不想让我失望，或放不下心，才设法赶来参加我的答辩。

我毕业后先是到了建设银行工作，因为专业不对口且年龄较大，感到发展艰难，后来就转到曲阜师大当了一名教师，又干起了老本行。在工作变动的过程中，每每遇到困难求到先生时，先生总是尽自己的能力帮我。都说世态炎凉，但我从先生那里得到的却是父亲般的温暖。每每想到这些，我的泪就止不住。父亲给儿子干什么，那是应该的，而老师并没有这个义务，但先生做到了。

毕业后，我有机会就去看望先生和师母。工作后挣钱了，我也给先生和师母带点他们愿意吃的东西，但每一次都是他们给我的比我给他们的要多。有一次，饭后我放下东西，趁他们不注意时，赶紧溜了。没想到先生提着他们送给我的东西边跑边喊地追过来，60 多岁的人一手提着一个包，一溜小跑。见此我急忙往回跑，跑到先生跟前我忙不迭地说："您跑什么？摔倒了怎么办？"

先生中等身材，不胖不瘦，虽然 60 多了，依然保留着年轻时的帅气。2006 年下半年，先生病了，我去看他，先前那位才思敏捷、帅气十足的先生不见了，转眼间变成了一位步履蹒跚、满头银发的老人。大概是感觉自己的身体状况不太好，先生第一次问我是否有时间，希望我能留下来住几天。在陪他小住的几天里，我每天陪着先生在楼下的院子里或附近散步，只有一次往千佛山方向走了走。我右手搀扶着先生，左手拿着马扎，走一段路就需要停下来坐一坐，我看见先生的脸上渗出了细汗。走到一家书店时，先生还是习惯性地走进去，翻看自己喜欢的书。在看到自己一位熟人所著的书时，先生一边购下这本书，一边给我讲这个人的故事，说这个人很有学问，自己听过他的报告。先生所说的报告的内容我记不清了，但我清楚地记得，重病的他全然忘了自己是一个病人，沉浸在听报告的场景里。先生知道自己的病情比较严重，但我在陪他小住的几天里，没有在先生的言谈和话语里看到他丝毫的灰心和恐惧，先生依然是那么乐观豁达，依然坚持看书练字。

我陪先生在楼下散步的时候，先生两三次带我去看他儿子开办的书画画馆，画馆里的墙上挂着古今中外的名人字画。画馆里的人看到先生来了，忙不迭地搬椅子让他坐下，端茶倒水。在先生看墙上的字画时，我看到他脸上洋溢着高兴和满足感。先生和师母没有像其他一些领导和教授一样送孩子出国留学，但先生的儿子很争气，大学毕业后自己下海创业，现在已经成为他那个领域的专家。谈到自己的儿子，先生的脸上满是自豪："这个小子有想法！"

我走后不几个月，先生又再次病倒了，这一次就再也没有能够起来。听说先生又病了，我匆匆忙忙赶到济南，买了一束鲜花，在医院看到先生时，先生处于昏迷状态，明显地消瘦了，看到先生昏迷中带有痛苦的表情，我不敢再看，眼泪止不住地流。后来再去济南看先生时，师母总是不让去医院看，大概是觉得看了让人难受！

先生走后，他的老同事、学生千里迢迢赶来为先生送别，拜祭先生的人络绎不绝，许多人不时用手绢、纸巾擦掉自己眼里和脸上的泪水。家人根据先生生前的意愿，"丧事从简，婉拒礼金"，先生要留清白在人间。

先生是一位平易近人的人。先生不仅是一位严谨治学的学者，也是一位担任学校重要领导职务的"官"，但先生从来不把自己当作官。不论是在先生家里，在他的办公室里，还是在其他场合，先生脸上时常洋溢着微笑，总给人以亲切感。先生对待学生是这样，对待别人也是这样，在先生那里没有贱贵和贫富之分，对待任何人先生都一样热情、有礼。达官贵人找先生，先生热情地以礼相待；普通职工找先生，先生同样热情地以礼相待。

先生是一位热心肠的人。先生不仅仅热心帮助自己的学生，其他学生找到先生时，先生也总是尽力帮助。比我晚一届的一位研究生在找工作时遇到了一点困难，找到了先生，先生写了封信，还准备了一份礼物，让那个学生带给他的一位熟人,希望能协调一下。后来,这位研究生在济南又找到了一份更满意的工作,尽管他没有到那里去工作,但他还是对先生充满了感激。但先生从没有给我谈过帮助过谁谁,要么他早就忘了,要么他根本就没有想过希望得到什么回报。

先生总是公私分明。学生去看先生和师母,他们请我们吃饭,从不让我们买单,而是自己买单。先生在学校先后当过副书记、常务副校长、党委书记,即使退下来后仍兼一个资金充裕的基地主任,请客报销并不是个难事,但先生公私分明,自己的私事自掏腰包。上学时,我曾经在路上见过先生自己骑着自行车去办事,即使是公事活动,先生有时也自己打的去。我的一位好友就跟我说过请先生去主持一次学术活动,先生自己租了一辆面的去的。先生清正廉洁,不搞特权,这一点在山东大学有口皆碑。

先生是一位节俭的人。先生请我们学生吃饭,怕不够吃的,总是适当多要一些。另外,先生也让我们点些自己愿意吃的菜。有一次,我因为自己愿意吃辣就要了一个辣子鸡,但先生和师母都不能吃辣,结果这个菜剩下不少。每次剩下时,先生总是要求打包,带回去再吃。那次剩下的辣子鸡,先生就要服务生打包让我带回去。受先生的影响,有时有朋友来或家里人过来出去吃饭,剩下的我都尽可能地打包带回去再吃。

先生是一位有责任心的孝子。90 年代初中期,先生住在山大宿舍一座旧楼里,建筑面积大概就是 70 多平方米,屋里狭窄拥挤。先生自己有一对儿女,本来住房就很紧张。有一次我们教师节去看先生的时候,发现家里还有一位老太太,这是先生的母亲,老奶奶已经 90 多岁了,身体还很硬朗,但有点耳背。先生老家是农村,老父亲去世后,先生不放心,就把老母亲从农村接过来自己照顾，直到几年后老人安然去世。

先生从专业教师走上领导岗位，是官不像官，有权不搞特权，平易近人，没有架子；先生负重敬事，克己奉公，廉洁自律；先生治学严谨，不贪图虚名；先生心里干净，做事待人公平，为人坦荡；先生严于律己，宽以待人，仁慈宽厚。先生的人品高山仰止。我们时常唏嘘感叹，在这样一个功利化甚深的社会上还有多少人能像先生一样？先生的确是一个高尚的人，一个纯粹的人，一个有道德的人，一个脱离了低级趣味的人，一个有益于人民的人。

追忆先生的那些年那些事

刘殿利

我的导师张乐岭先生离开我们快三年了。每每提及先生，他那清瘦的形象、慈祥的微笑、安逸的神态立时浮现在我的脑海。在那个阴雨霏霏的深秋送别老师的场景总是感觉犹如昨日，正应了时下流行的那份对日子平平淡淡悄然而逝的惆怅。是的，时间都去哪儿了？逝者已逝，生者空留感慨嗟叹。

先生自1961年迈入山东大学校门至2011年逝世，在山大读书、工作、生活了整整半个世纪。半个世纪中，既有火红的年代，也有激情燃烧的岁月，一生经历丰富、充实、饱满。在师长、同事、学生、亲友的眼中，他那勤奋好学、踏实认真、严于律己、宽厚正派、任劳任怨的优秀品质无不给人以高山仰止的感觉。先生就像一本大书，慢慢阅读，细细品味，总有那么多难以释怀的感动和感悟。他的高尚品格和人格魅力值得后人世代相传，受益不尽。

我于1994年考入山东大学国际政治经济关系学院，随后的三年时间，在这里攻读了国际共运专业的硕士学位。因为这段在山东大学读研的三年经历，我有幸成为了先生的学生，有幸接受先生传道、授业、解惑，有幸感受先生的人格魅力和做人风范，以至于在后来的多年交往中，在我们这些留在济南工作、生活的弟子们眼里，总感觉在师生之谊以外还有一份浓浓的亲情。说是师长，先生又是那么的平易近人、和蔼可亲，与先生交流时那份心理上的零距离，感觉更像一位邻家大叔；说是老者，先生与我们交流，无论谈专业、谈社会，还是问候我们工作和生活，时时事事表露出来的心态、思维以及对新事物的认知，感觉先生更像一位与我们没有代沟的“忘年交”。不能不承认，多年来从先生那儿承继的这份精神食粮，我们无时无刻不在受用着。

其实，在读研的初期，我与先生并不熟悉。印象中先生是个大忙人，因大部分时间和精力忙于学校公务，实际接触的机会很少。记得是在研二那年的新学期，系里有安排需要先生讲授的一个专题，好不容易才有了一次亲耳聆听先生讲课的机会，但半途中他还是因学校紧急事务被电话叫走了。但就是这样的一次“大半节课”，还是给我留下了清晰的印象：没有寒暄，没有客套，直奔主题；旁征博引、深入浅出，那份专业、专注，与年轻人互动的投入，迅速拉近了师生间的距离。没有真正与先生接触时，就听系里“老人”介绍导师如何如何，是学校的“大领导”，真正接触了，才发现哪儿是什么“大官”，简直就是一个很“享受课堂”且书生气十足的教书先生嘛！依稀中，这算是先生留给我的第一印象吧！也正是因为先生平时实在太忙，为此，系里还安排了王韶兴老师作为先生的助手，指导我们的学业。

真正与先生熟络起来，是在读研后期开始着手论文选题、开题报告和论文答辩的那些日子。特别是在这期间，在参与先生主持完成的省“八五”和国家“九五”重点社科研究课题《毛泽东与邓小平社会主义思想比较研究》时，对先生那份治学的严谨和对学生研究态度的那份“苛刻”，开始有了深深的触动。人说“文如其人，字如其人”，这话一点不假。见到了老师那厚厚的一摞由一行行、一页页娟秀的蝇头小楷码起来的书稿，我才真的领教了著书的艰辛和先生治学的严谨，以至于我们自己准备的书稿都羞于放在先生的面前。

先生的治学态度我们深有体会。同时，他更有一种完美主义的做事风格让我在论文答辩期间有了更深的了解。在准备毕业论文的那段时间里，我从选题到准备过程中，做事浅尝辄止、不求甚解的毛病时有作祟，以为老师整天工作这么繁忙未必深究，即使发现了也未必为难自己，但事实上却每每被发现出来，我印象中甚至有一次为了一个小小的“基尼系数”数据的准确性，“害”得我重跑一趟图书馆翻查资料。就在答辩前一天晚上，先生还把我叫到家里，一见面就给了我一摞杂志期刊，仔细一看，是一些关于论文的参考阅读资料。我心想，这下可坏了，本来以为自己的毕业论文应该算是准备得“相当”充分了，一路上还哼着小曲儿沾沾自喜呢！难不成又要修改吗？先生大概也感觉到了我惴惴不安的神情，急忙解释：“殿利，不用紧张，你的这篇论文完成得很好，明天按照你论文中阐述的研究思路陈述清楚就可以了。这么晚了还把你叫来，主要是在最近看论文材料的过程中，我又有了一些新的思路和想法，是想在这篇论文现有基础上给你再加加担子，派个新任务，不知有没有信心？”原来，先生想的不仅是我的论文答辩拿个好成绩，而且还希望我结合更充分的研究材料，对课题再作进一步的探究，把一项工作做得更加透彻、更加完美。答辩结束，我们来到校园合影留念。先生接着前一天晚上的话题对我说：“通过答辩中评委老师们提出的问题，如果你能对这些问题再作些深度的思考，你的论文还有很多充实完善的空间。我可以给你列出一些参考书目，如果对照书单再多下点功夫，最终，你会有收获一份劳动成果的愉悦。”是的，最终我收获了，不仅论文在一家院校学报上发表了，还收获了一生做人、做事的道理。以后做任何事情，不要轻易自我满足，要给自己定个需跳一跳才够得着的目标，苦尽甘来，这样的人生才有意思。

先生总是说，做任何事情，不做则已，要做就做到完美、做到极致，要学会做个完美主义者。作为老师，并不是要求你们一定要在学业上做到心无旁骛，在自己的专业上更要倾注加倍的精力。你们将来要走向社会，能否终身受用于社会，关键取决于你们在学校阶段对各项技能和能力的历练。面向即将到来的 21 世纪，经济社会发展将全面进入一个全新的时代，这将是国家建设最好的历史时期，未来社会对复合型人才的需求是必然的，将来无论从事什么行当，如果能够在学校阶段培养起良好的做事习惯和严谨的治学态度，有了一定的学习研究的基本素养和分析问题、解决问题的能力，你们都将触类旁通，终身受益。

可以说，就是这样一个浅浅的道理，实践起来也并不是那么容易。步入社会的多年以后再回头看，社会环境发生了太多太多的变迁，快餐文化当道，实用主义、表面文章流行，在一个需要了解什么问题只需上网搜一搜即可的时代，难道当年那些浅浅的道理都不合时宜了吗？甚至有时还因做事太认真刻板而不被理解，有时为一些事拿不起、放不下，斤斤计较或被人斤斤计较，由此而产生一些处世、做事的种种迷茫，以至于多年以后再与老师促膝谈及种种困惑时，先生仍然谆谆教导：“做事严谨认真是为追求一份内心对责任义务的坦然，是一个人一生要固守的做事态度和习惯。至于别人怎么说，怎么看，要保持一种豁达的包容心态。从另外一个意义上说，为人处世不要小聪明，要有大胸怀。有个玩笑话说，一个人脖子以上是头脑，脖子以下是心胸。有没有头脑决定一个人能不能做成事，有没有胸怀可是决定了一个人究竟能做成多大的事。”

每每忆起导师，总能想起这样的话。时间如白驹过隙，转眼间，我也已经人至中年。作为乐岭先生的学生，我与先生的交集始于在山大读研的三年，这珍贵的三年正是代表了我的青春年少，更是我形成世界观、人生观，然后步入社会的起跑线。近 20 年之后再回首，追忆先生的那些年、那些事，师生之谊早已超越了传道授业解惑，先生对学子的那份关爱之心至今难以忘怀，以至于多年来，总是在学着先生那样做人做事。我想，这应该就是师道中那一代又一代的传承吧！

记得季羡林老先生有这样一个观点：我交了一辈子朋友，究竟喜欢什么样的人呢？约略是这样的：质朴、平易近人；心肠软；怀真情、讲真话；不阿谀奉承，不背后议论；不人前一面、人后一面；无哗众取宠之意，有实事求是之心；不是丝毫不考虑个人利益，而是多为别人考虑；关键是个真字，是性情中人。

记忆中，那就是先生。

春风化雨

——追忆张乐岭先生

徐艳玲

2011年10月19日，我在山东大学软件学院上本科公共课，上课前心中隐隐就有一种惴惴不安的感觉，似乎将有不好的事情发生，清晰地记得那天的课上得从未有过的慌乱。下课后突然接到电话，噩耗传来，先生已然去了。霎时，心中一股不可遏制的悲伤铺天盖地而来，眼泪阻挡了我的视线。此前，先生已在山大齐鲁医院住院治疗有好几年了，然而，当永别的那一刻真实的到来，我还是难以接受。

三年了，一直在尝试着写点什么，却一直悲伤难抑无法诉诸笔端。最近，先生的师友故旧自发组织写文章缅怀先生，才蓦然发现与我心有同感的人颇多。我是先生的晚辈和学生，跟随先生求学多年，一起从事研究工作也有十余载，深得先生的错爱和提携。回忆与先生交往的点点滴滴、谆谆教诲，声犹在耳；滴滴关怀，仍在心田……

机缘巧合，结下深厚师生情谊

先生是我的恩师。与先生的相识，还是缘于先生的妻子郭桂英老师的指引。1989年我本科毕业时，郭老师是我的本科毕业论文指导老师，我时常去家里向郭老师请教，时间长了就与张先生熟识起来。先生虽为学校领导，但在我这样一个山大女生的眼里却是那么平易近人。记得那时常在先生家里吃饭，还把自己写的诗拿给先生看，有一次先生在看后好像很惊讶地说："艳玲原来是个才女呀。"当时，因毕业分配问题，我一度消沉，跟张先生抱怨。先生在得知我的情况以后，积极帮忙推荐单位。我不再消沉，感觉心里总有一盏灯在照亮着，因为有了先生的鼓励。

1992～1997年，我有幸回到山大母校硕博连读，师从赵明义先生。赵先生和张先生经常给我们上课，课后也经常聊天，就一些学术问题展开探讨和争论。先生在学术的高原上"一览众山小"，真正有一种令人骄傲的"精神贵族"的情结。时光荏苒，我深深地喜欢上了学术，也得以对先生有了更加深入的接触和了解。

在学术上，先生有着一种执着的钻研精神，他以真诚的生命投入思索的工作，视读书问学如呼吸一般自然。先生一生研究中共党史和科学社会主义，在这一领域颇有建树，诸多重要的研究成果为他赢得了很高的学术地位。曾担任山东省中共党史学会副理事长、教育部山东大学科学社会主义研究基地主任等职务，并先后承担了一批"七五""八五""九五"国家教委和山东省的社科研究课题，曾主编和参与主编了《中国近代革命史》《科学社会主义》等多部专著，发表了十几篇学术论文。他还主持完成了省"八五"和国家"九五"《毛泽东与邓小平社会主义思想比较研究》等重点社科研究课题，研究成果在国内学术界引起较大反响。

在培养学生方面，先生以身作则，言传身教，要求我们读书做学问要踏踏实实，不能有半点懈怠和马虎。2003年，保持党的先进性教育活动期间,我受先生委托一起为《中国教育报》执笔撰写《如何保持党的先进性》一文。在文章的写作过程中,先生多次就文章的脉络框架提出建议,反复修改,用词造句真正做到了字斟句酌。

尽管先生在学术和事业上对学生要求很严格,但却丝毫没有影响他对学生的关爱,他以一种和蔼宽容的态度对待每一名学生。我们很少见他发脾气,每次见面,总是看到他和蔼可亲的脸庞和满含笑意的双眼。记得我和丈夫每次去看望先生,先生往往会到楼下迎接,用父亲一般的笑容迎接我们,他慈祥的笑容总是透出一种坚毅,让人感到安慰。然而,天妒英才,先生因为长期劳累过度,身体情况越来越差,再之后,先生不得不入院治疗。一个静静的秋夜,先生意识逐渐模糊,直至最终昏迷。郭老师说:"他已经认不出你们了,不用来医院看望了。"然而,有几次当我坐在先生病床前跟先生交流时,仍然看到他的眼角有泪珠滑落。我想先生诸多愿望还没实现,他是抱着对人生的很多遗憾离开的。

但先生的精神留给了我们。他严谨的治学态度和关爱学生的长者之风,影响了一届届的学生。他的学生们也大都秉承先生一贯的治学态度,兢兢业业,踏实钻研,许多学生都已经成名成家,已经有数十位教授、十几位博士生导师,其中不乏成果累累、建树颇丰者,这也算是对先生一生教书育人最好的回报吧!

淡泊名利,展现一名共产党人的风骨

先生亦是我的领导。先生自上世纪60年代初进入山东大学求学后,再未离开过山大。从学生、普通教师直到担任学校行政、党委领导职务,可以说，他把自己的一生都奉献给了山大。在学生眼中，他是一位学术严谨、待人温和的好老师；在同事眼中，他是一位思想开明、体贴下属的好领导。山大的机关工作任务繁重，人手少，事情多，经常需要加班加点工作。一位跟随先生多年且与我相熟的同事曾经对我说，过去每次单位发一点加班费的时候，先生总是让给其他的同事。先生兢兢业业、严于律己、不图名利、甘于奉献的工作作风，为我们这些晚辈后生树立了榜样，让我们时时反省自己，认真做学问、踏实做事情。

以前多少年，我常常喜欢下班后在山大的校园里漫步，行至先生的办公楼下，总能看到先生房间的灯还亮着。在静谧的夜色里，那一盏并不太亮的灯泡映照的是一位忘我工作的老山大人的责任感和使命感。作为校领导，先生作风民主，待人宽厚，处事富有开拓精神，每逢重要的场合需要他发言，他往往都是亲历亲为准备发言稿，即使时间确实不够也会明确提出思路，并亲自进行反复修改，这也是为什么经常能看到先生办公室的灯在静谧的夜里依然亮着的原因。无论在哪个职能部门，先生都尽职尽责，深入细致地开展工作，从分管宣传、学生工作到分管组织、干部工作，再到人事、职称等行政工作，先生都公道正派，实事求是，为学校的各级领导干部、干事树立了良好的典范，对于学校的工作作风起到了正面的示范作用。

也许正是因为自己研究马列的缘故，先生在工作中完全贯彻了解放思想、实事求是的思想路线，注重结合实际开展工作，从不教条、灌输和说教。在分管学校宣传工作和学生工作时，他总能找到灵活的方式宣传党的路线方针政策，效果明显。随着时间的推移和工作岗位的变更，先生的工作越来越多，担子越来越重。在主政山大期间，先生深感学校人事制度等方面存在诸多弊端，力主大刀阔斧地改革，高度重视教学和高层次人才的引进和培养，得到了教师们的拥护和爱戴。曾记得，一些青年教师待遇差、生活压力大、教学经验不足，各种问题和困难比较突出，教师的情绪也不稳定，大家热切盼望学校能够给予支持。先生多次在百忙之中抽出时间召集青年教师召开座谈会，让大家畅所欲言，他多次强调，要让年轻人说话，要让每一名教师有表达自己意见和建议的权利。每次座谈会，他都认真听取大家的意见和建议，悉心地与教师们交流，询问大家的困难，牢牢记在心里，在以后的工作中尽可能地帮助解决落实。

在我们学生的眼中，共产党人就是像张先生这样的。先生一生忠诚于党，始终把党和国家的利益放在首位，把学校的未来与国家的需要紧密结合在一起。1998 年，先生当选全国人大代表和省党代会代表，他说，这是广大人民群众对他的信任，也是全体山大人给予他的重要托付，自此，他认真调研走访，积极建言献策，为我国教育事业的发展和山大的建设不遗余力地奔走。他倡导要加强学生的思想道德教育，呼吁要建立完善的学生德育评价体系，倡导把传统道德中有价值的东西挖掘出来，用于道德教育。2002 年，先生又担任了第八届山东省政协常委。担任常委期间，他积极贯彻执行党的路线方针政策和省委、省政府的各项决策部署，自觉服从服务于全省工作大局，参政议政、建言献策，向党和政府提出了许多宝贵的意见和建议，为促进山东经济社会和教育事业的科学发展作出了重要贡献。

大爱无言，化作春泥更护花

先生更是我精神上的向导。记得有一次，我曾问过先生为何能无私地帮助我，先生笑了，十分和蔼地对我说："我相信你能为山东大学争光。"至今想起这情景就感觉汗颜。先生是多么爱才之人，可惜弟子不才，我尽管很努力，做出了一些微小的成绩，但离先生的要求太远太远了，也不知先生在九泉之下会给我打多少分。因为我的心中总有一种奇异的感应，感觉先生的灵魂从未离我们远去。

山大之于先生的地位非比寻常，40多年如一日学习、生活、工作在山大，山大已经深深融入先生的血液之中。应该说，无论是做学问还是担任学校领导，无论是他的学术成就，还是职位都无不让人钦佩。然而，先生一生淡泊名利、低调谦和，从来没有因为自己的学术成就和身居高位而表现出一丝的倨傲；相反，他始终谦恭如初，就像一块温润的碧玉，晶莹剔透。

先生曾多次在不同场合说："一名教师，就是要把所学、所知尽数传授给学生，只有学生超越了老师，实现了青出于蓝而胜于蓝，我们才算尽到了一名人民教师的责任，这样的教师才是一名合格的、幸福的教师。"先生一直关心和牵挂着学校的发展，关心着山大的学子，他时常在校园里转一转，跟偶遇的学生们说几句话，问问大家的学业、生活情况，听听大家反映的问题，也会随手记下他们的一些实际困难。夕阳的余晖中，一位老者与三五学子促膝交流，侃侃而谈，身边是往返匆匆的车辆人流，身后是法桐树静静投下的长长的影子，这场景那么温馨，那么从容，时至今日，回想起来，仍然令人动容。这一幕幕看似寻常的往事，现在回想起来，才真真切切地感受到这其中饱含着先生对学校以及教育事业厚重的大爱。

记忆中，不知有多少次看见先生骑着他的飞鸽牌自行车穿梭在山大的校园里。他一定是那么精神矍铄，一定是那么沉着有力，只是那辆自行车逐渐从青春飞扬的崭新变成了饱经沧桑的陈旧。岁月的刻刀不经意间就将一位意气风发的青年才俊雕刻成了一位满头白发的饱学之士，唯一不变的，是他那份为党的教育事业和学校发展呕心沥血的拳拳之心。正如清代郑燮的诗句："新竹高于旧竹枝，全凭老干为扶持。明年再有新生者，十万龙孙绕凤池。"每念及此，我的心中顿时升起无限的敬意。

先生一生致力于党的教育事业，致力于对真、善、美的追求。他人格高尚，无私无畏，用实际行动诠释了一名老共产党人的风骨和气度，诠释了一名教育工作者的情怀和责任。鲁迅先生在评价白莽的诗歌时，深深地被诗人的殉道精神和纯真的性情所感动。他写道："这《孩儿塔》的出世并非要和现在一般的诗人争一日之长，是有别一种意义在。这是东方的微光，是林中的响箭，是冬日的萌芽，是进军的第一步，是对于前驱者的爱的大意，也是对于摧残者的憎的丰碑。一切所谓圆熟简练，静穆幽远之作，都无须来作比方。因为这诗属于别一世界。"请允许我借以同样的语言，献给我敬重的张乐岭先生——我永远的恩师、老领导和精神向导！

张老师留给我们的宝贵财富

丁金光

我于1998年考入山东大学科社与国际共运专业，与刘凡同学一起有幸成为张老师的首届博士生。虽然在山东大学求学时间只有短暂的三年，与张老师接触有限，但在面试、平时指导、论文的开题、修改、答辩等环节，老师都给我留下了难以磨灭的印象。张老师留下的宝贵财富让我受用终生。

刚入学的时候，有一天我与几位同学相约去拜访张老师和师母郭老师。我想，第一次登门总不能空手去吧，就买了几斤苹果带上了。同去的同学中有曾在山大攻读硕士学位的，他们说不需要带礼物，张老师不会收的。我想又不是值钱的东西，只是略表心意，张老师不至于批评我吧。那天，张老师有事不在家，我们见到了郭老师，谈了些学习与生活上的事。告别时我要留下苹果，郭老师坚决不肯收，非要我拿走。她说这是张老师定下的规矩，如果收下他会生气的。我说下不为例，但郭老师坚决不肯收。当时给我的感觉是郭老师太固执，似乎有点不通人情，不可思议。既然是老师定下的规矩，我只好把苹果带走了。我事后反复思考，终于悟出一个道理，那就是张老师和郭老师时时处处替学生考虑，不愿意增添学生的经济负担，往高处想就是教导我们任何时候都要做到清正廉洁。此后我再去张老师家就不考虑带什么礼物了，反而觉得很习惯。

我们上学时，张老师担任山东大学党委书记，党务工作比较繁忙。但不管工作再忙，只要我们约他，他总会安排时间接见我们，有时他还会主动找我们谈学习工作。在论文开题和答辩过程中，他从没有缺席过。记得有一次我和刘凡同学如约到张老师办公室谈论文选题的事，张老师仔细地听取了我们的打算，不时插话，给我们提出了许多很好的建议，为我们的选题指明了方向。其间不时有人敲门，说“张书记给您汇报汇报工作”，但每一次都被张老师婉拒，他说我在和研究生谈学习方面的事，过一会儿再来吧。这件事给我留下了深刻的记忆，张老师为我们树立了榜样，它反映了张老师关心学生、专心培养的敬业精神。既然与学生约定了时间，那就不能分心，半途而废。

我的博士论文题目是《白劳德及白劳德主义研究》。我之所以选择这一题目，是因为对美国共产党的历史比较感兴趣，一直关注这一领域的国内外研究动态，探讨这一问题对发达资本主义国家共产党的活动具有参考价值，而且我的硕士论文就是研究美国共产党的，主要是探讨《苏德互不侵犯条约》对美国共产党造成的严重损失，这也与美共总书记白劳德有关。白劳德曾被说成是“现代修正主义鼻祖”，是国际共运中的反面人物，白劳德主义也成为现代修正主义的代名词。要对这样一个有争议的人物重新评价需要勇气，需要下功夫。因此，当我考虑选择这一论题后心中没底，诚惶诚恐，也担心张老师不会支持。可是，当我将想法告诉张老师之后，出乎我的预料。他首先是支持我，肯定题目的意义和挑战性。然后张老师给我提出了严格要求，要我大量查阅中外文资料，吸收已有成果，做到言之成理，持之有故，所得结论要经得起时间的考验。此后，我遵照张老师的意见，查阅复制了大量的有关白劳德的英文文献，认真思考，精心撰写，完成了论文初稿。

张老师仔细阅读了我的论文，作了许多批注。2001 年年初，我来到张老师位于邵馆的办公室，我们师徒俩谈了整整一个上午。从论文的结构、材料的运用到观点的论证，他都详细地谈了看法，提出了修改意见，甚至连标点符号和错别字也给我一一指出。我从中深深感受到张老师的认真精神。由于张老师的言传身教，我时刻提醒自己做任何事情都要认真，只要认真了没有做不好的事情。在以后的日子里，我也是这样要求我的学生的，不论是本科生的论文还是硕士生的论文，都要求做到精益求精。

我的论文在答辩结束后获得了优秀成绩，2003 年获得了山东省优秀博士论文奖。这是对张老师付出心血的肯定。

综上所述，我觉得张老师留给我们的宝贵财富就是廉洁、敬业、认真。这六个字说起来容易做起来难，一辈子做到它就更难，可是张老师做到了。以上内容我只是从几个侧面谈了我的亲身感受，从我了解到的情况来看，许多人都有同样的感受。

师德难忘

丁法迎

时光匆匆，张老师离开我们已经近三年的时间，他的音容笑貌至今仍然时时浮现在眼前。回想起与张老师交往的岁月，他留下的不光是渊博的学识，还有更多宝贵的做人道理，会成为我今后追求的人生目标。

在张老师的诸多学生当中，我当属与老师交往不多但对老师印象却很深刻也难以忘怀的一个。我于1994～1997年在山东大学国际政治经济关系学院（现政治学与公共管理学院）攻读科学社会主义专业硕士研究生，有幸师从郭桂英教授。最初张老师给我们上课时，记得当时的印象是，他讲课言简意赅，次数不是很多，时间也不是很长，上完课就离开，一副很忙碌的样子。后来才知道他还担任着山东大学党委和学校的重要职务，再后来才得知他与郭老师是夫妻，加之张老师祖籍泰安，我是泰安肥城人，和他称得上是老乡，对张老师顿时便有了一种亲近感，便有了与他面对面学习、交流的机会，印象自然也深刻起来。

由于张老师工作特别繁忙，除了纷繁复杂的行政事务，还要忙于科研教学，所以感觉不能随便打扰，只是到到家中求教时有时会见到张老师，也难得当面请教。最初在张老师面前总是感觉紧张，但张老师总是那么热情地招待，特别平易近人，丝毫没有领导、老师、长者的架子，所以后来自己便渐渐放松起来，和他说话也随意很多。给我印象最深的是，张老师花白的头发稍显凌乱，略显消瘦的脸庞始终带着真诚、友善的笑容，目光如炬，精神矍铄，似乎总不知疲倦劳累，总是能耐心、仔细地倾听我们的谈话。他言语不多，只是偶尔说上几句却是十分中肯、深邃。慢慢地，在老师家里，我再也没有当初的那种拘束感和距离感。

三年时光转瞬过去。临近毕业，张老师和郭老师执意要为我们这些即将毕业的学生送行。记得吃饭时，张老师特别高兴，话也比平时说的多，酒也喝了不少(后来得知张老师是不擅饮酒的)。大家都放松心情，无话不谈。总之，吃的什么菜都忘记了，但张老师热情地给我们夹菜、敬酒，还有对我们千叮万嘱的场景至今还记忆犹新、铭感不忘。

走上工作岗位之后，我们几个留在了济南这座城市，我在山东省委党校科学社会主义教研部从事科学社会主义专业的教学科研工作，便有了向老师继续求教的机会。本来是想经常到老师家中拜访的，一方面是看望老师，另一方面是想从老师那里获得更多的教益。张老师和郭老师不管在科学社会主义理论研究还是教学经验乃至为人处世方面都是德高望重、极有影响力的，这对于一个刚走上相同专业、相近工作性质的青年人来说都应算得上一件幸事，从他们那里汲取智慧营养肯定是大有裨益的。但此时张老师不光担任山东大学党委书记，还是九届全国人大代表、省党代表，后又担任省政协常委，工作更加繁忙，家中常是人来人往，于是便不忍心打扰，更不愿给老师增添更多的麻烦。总是想着等老师们彻底退休了，有了自己的时间，家里比较清净了再多去请教，于是到老师家里去的次数便少了。

但后来张老师不幸罹病。记得有一次我和几位同学相约到老师家中拜访,此时的张老师已不能说话,行动不便,四肢颤抖,动作已不协调。看到这一切,我和同学感到很悲伤。但张老师一看到我们就十分高兴,更加消瘦的脸上还是洋溢着一如既往的那种真诚善意、和蔼可亲的微笑。他不顾别人劝说,极力亲自招待我们。看着他十分艰难地用不能很好配合的双手执着、认真地给我们削苹果的样子,我们心里感到既悲伤又温暖。张老师却显得十分乐观,当我们谈话交流时,他仍然是那样认真地倾听,那是一位充满智慧的长者在耐心倾听一群年轻人对工作、社会、家庭的诉说。告别之际,张老师仍然不顾劝说,还是要坚持送我们出门。他十分吃力地挪动着脚步,有时要借助别人的帮助才能艰难地挪动一小步。出了门,下楼梯,回头望,我们看见张老师还站在门口看着我们离去,带着他永远的、一贯的那份真诚、执着和关怀。那一刻,眼角已经被泪水浸湿,张老师还和以前一样爱着我们,还在关怀着我们。那一幕至今还铭刻在我的记忆深处。但不幸的是,那一次竟然成了我们与张老师的最后一面。之后不久,张老师便病重入院治疗,一待就是几年。本来是要去医院探望张老师的,却因种种原因而未能如愿,只是有时到老师家中拜访,有时给郭老师打电话才获得张老师的近况信息,至今仍深感愧疚和伤感。

2011年10月,听到张老师去世的消息倍感痛心。一位慈祥的充满智慧的长者,一位善待他人、勤勉工作的良师益友离开了我们,永远地离开了!记得有句话说得好:“有一种人,进入你的视野的时候并不让人欢天喜地,却能够在离开之后让你一直想念。”我觉得张老师就是这样一种人,他虽然离开了我们,但从他身上却总能获益良多。

穿越漫长的时空,老师对学生的威严犹在,学生对老师的尊敬犹存,这也许就是老师永恒的价值所在。威严、敬畏、尊敬不光源于老师的谆谆教诲和知识传授，更多来自老师自身的言行和品格，这种珍贵的馈赠是潜移默化地影响别人，有可能影响人的一生。这不是每一位老师都能做到的。如今我正在从事教师这一职业，时常想，做好本职工作是分内的事，经过努力尚能胜任，但更高的要求是否能做到，在某些方面给自己的学生留下一份尊敬让其受用终生？师生交往不能让双方产生距离感，不能让学生对老师敬而远之，老师与学生是可以成为朋友的，或许这种教育对于学生的成长进步作用更大。

当今社会有的人自私自利，单纯追求物欲的满足，人与人缺乏最基本的诚信友爱、关怀包容，尤其是部分领导干部时常不由自主的家长作风、官僚主义，平日高高在上，脱离群众，对他人缺乏起码的关怀和尊重，缺乏基本的真诚和友爱之心。一个人不管他的地位有多高，身份有多特殊，对待他人，不管什么身份、年龄、地位、职业，最基本的、最起码的内涵和要求应该是包容、真诚和尊重，这才是至关重要的。

不论做官还是做学问必先做人。我相信能够真诚地善待一名普通学生、能够给学生留下深刻印象的老师必定是一位好老师，做官必定是一位好官，在家里必定是一位好丈夫、好父亲，在社会上必定是一位良师益友。张老师在这些方面给我们作了很好的诠释。我走上工作岗位至今已近二十年，遇见张老师的同事、学生和朋友也不少，这一切已被他们证实。

张老师走了，他留下的是一笔宝贵的精神食粮，经常让人回味无穷，这也是我今后工作、生活、学习中追求的价值目标。在这些方面尽最大努力，当属对张老师最好的纪念。

纪念我的老师张乐岭先生

张远忠

时光荏苒，屈指算来，先生离我们而去已近三年。窗外夜雨淅沥，不知先生在那个世界里是否安宁？

初识先生，是在大学入学军训的动员会上。仍然记得那是一个阳光的午后，校园的操场上洋溢着青春的不安与希望，列队已毕的我们，等待着学校领导的训话。作为校党委副书记的先生疾步而来，高高的、瘦瘦的，头发有些许斑白，微微笑着，儒雅、宽厚，如春日的阳光般令人温暖。他热情洋溢的讲话，点燃了年青学子对大学的希望，对未来的向往。事后同学们热议纷纷，说山大就是山大，领导都这么有风度，与我们的中学校长比，简直判若云泥，对学校的信心好像也因此平添了几分。有个别同学甚至私下里给他送了一个"风度书记"的雅号，这便是先生给我的第一印象了。

没有想到这位"风度书记"日后竟成了我的研究生导师。记得作为学生的第一次拜访，是在先生的家里。一个来自乡土的学生，本就没有太多的见识，更是从未接触过像大学书记这样的高官，更何况还是自己的导师，于是不免有些惴惴不安。也许是看到我的局促，先生只是轻轻拍了一下我的肩膀，然后微笑着邀请道："坐，随便坐。晚饭估计还没吃吧？让你师母做几个小菜，一边吃一边聊。”看得出，对我这个学生的来访，老师是由衷地欢迎。随后便是亲切而自然的交谈。记得当时先生说得不多，多是静静地听，不时提问一下，话题也比较开放，不知不觉我也轻松自由起来。一时间，我竟有些恍惚了，感觉自己不是在向导师汇报思想和学习，而是在家中与一位长者谈心。在以后的学生岁月中，随着与先生的交往日渐增多，这种家的感觉也愈发强烈，轻松、温暖，更是充满着浓浓的爱。对于像我这样一个离乡远游的学子而言，孤独感时常侵入，而在先生这里，我获得了家的温暖，休憩着精神，丰富着知识，健全着人格。

有一件事我至今仍铭记在心。记得那是一年的中秋。中国人的传统，逢年过节，备点礼物给师长以示敬意，此乃风俗所在。于是我和一位同学也给先生买了一点礼物。当然，作为穷酸学生的我们，所送的礼物也只能用穷酸来形容了。见到我们，先生自是十分高兴，但见到还带来礼物，立马有些许责备之意，说：“你们不要搞人情世故的那一套，特别是你们还是学生，没有自己的收入，生活还要靠家庭，更没有必要给我买什么东西。”我们不禁有些忐忑。临走时，他要求将礼物全部带走，而我们又坚持不带，于是僵持之下，先生让步道：“既然你们如此坚持，那好吧，东西我收下，同时也给你们的父母带点礼物吧。”很快，我们每人手上多了一份先生的回礼。我们再也没有回绝的理由，面面相觑之下，我们郁郁而返。回到宿舍，同学们好一顿取笑，说我们做了一笔好生意，抛砖引玉，砖头换得重彩了。此后再到先生那里，我再也没有胆量带任何东西了，反而却时不时地从先生那里带回点什么，过去的白吃白喝，现在又加上白拿了。

岁月如梭，很快到了毕业时间，最急迫的事情就是找工作。未出校门的我，莫名地自视甚高，拒绝了好几份今天看来不错的选择。不觉之间，我成为同学间工作唯一没着落的“剩男”了。自己着急，先生也替我急。几经曲折，先生通过他一个老同学的渠道帮我联系了一家省级用人单位，即使以当时的标准，也已是难得的机会了，我却不知天高地厚地轻率拒绝了。后来才知，先生为此还受到那位老同学的一番奚落。但对于我的选择，先生给予完全的理解和包容，毫无责备之意。毕业之后，商海沉浮一段时日，工作和生活也并不尽如人意，甚至有些许凄凉，但又无处话说。对于我的状况，先生是非常挂牵的。“还是回到学校吧，也许你的个性更适合做教师。”先生曾这样建议道，一时间，泪水模糊了我的眼帘。人常说，知子莫若父，而先生对于我，更有一种如父母般的理解和关怀。于是他又开始四处替我张罗工作事宜，最终联系了一家高校教书，我的生活才重入常轨。其实不仅是工作，即便是对于我的个人生活，先生也是挂在心上，单身的时候，他时常提醒我该成个家了。到现在我还清晰地记得当我把新婚的妻子带到他面前时先生脸上那种由衷的喜悦，那是一种基于真正关心之下的释怀。

读书期间，由于先生行政事务繁忙，给我们上的课并不多。留下最深印象的是他那种对待教学的认真和负责。先生的课，信息量大，材料和观点都非常严谨。课间休息时，趁老师不在，同学们聚在一起，好奇地翻阅他的讲稿，不禁发出一片惊呼之声。只见一大摞厚厚的稿纸，每一页都细密地写满了字，清一色一笔一画的楷书，严整，美观，可以想见先生在备课时花费了怎样的功夫，我们不禁肃然起敬。从行政岗位上退下来之后，先生获得了难得的自由时间，他便一头扎进了书斋里，好像要把失去的时光争取回来似的。于是，山大新校逸夫楼的先生书房，便成了我经常光顾的地方。在这里，我报告思想，提出困惑，交流心得，留下了许多美好的回忆。与先生的交流是令人愉悦的，自由包容，无所禁忌，而又充满人文情怀。有时我想，先生可能更多地不像一位从政多年的官员，而更像一位传统的学者。事实上，也曾听他私下议论过，如果当年不去做行政工作，而只做教师，可能是更合适的选择。从交流和讨论中，可以明显地看出，先生对知识、对学问有一种发自内心的热爱。

这便是我的老师——张乐岭先生，阳光、宽厚，对学生充满了真挚的爱。每当想起先生，心中总觉燃起一盏灯，在孤独的人生旅途中，它给人慰藉，使人温暖，予人希望，催人奋然而前行……

生命不灭，这盏灯就不会熄灭！

忆恩师张乐岭先生

朱贵昌

时光荏苒，恩师张乐岭先生离开我们快三年了，先生走后的日子，每当我想起在张老师师门下受业的日子，先生的音容笑貌总会浮现在眼前。每当我回忆起在先生身边的一些往事，心中总不免涌起深深的怀念和崇敬之情。师恩如山，师恩难忘。一个人从小学读到研究生，固然离不开很多老师的培育，但对我影响最大、把我引进学问之门的导师则是张乐岭先生，他是我求学经历中的最后一位导师，也是我受教时间最长、对我影响最深的人。

1995年9月初我从一名乡村中学教师考入山东大学国政学院，成为国际共产主义运动史专业的硕士研究生，师从张乐岭教授。入学之初，不知道张先生是谁。那时候不像现在有互联网，无法查询了解老师的信息，只是从师兄师姐们处得知，自己的导师是校领导。当时，自己对领导这个概念的理解，仍停留在乡镇干部的层次上，因此，在尚未见到张老师之前，觉得他肯定是那种大腹便便、官气十足的样子，可是见面之后才知道，自己的想法有多么幼稚可笑，张老师是那样和蔼可亲，平易近人，丝毫没有官架子。如果不是事前知晓，张老师给人的印象更像是温文尔雅的专家学者，而不是什么领导干部。

记得入学后第一次到张老师家去拜访恩师，是在师兄师姐的带领下去的。当时我们都住在老校，张老师住在新校南院家属院里。我初到济南，人生地不熟，而且我比较内向，不太和人交往，于是更愿意与师兄师姐们结伴而行。进门之前，自己心里比较拘谨和不安，毕竟是初次拜见自己的导师，而且还是校领导。但是到了张老师家落座后，紧张的心情很快就放松了，张老师和郭师母都非常热情，拿出各种水果款待我们，并仔细询问了我们每个人的学习生活情况。由于我是新来的，对我的情况问得更多一些，并对我关爱有加，嘱咐我说，遇到什么生活困难，直接给他们打电话。我感到非常温暖！

以后慢慢就与张老师熟悉了，因此到张老师家的次数也多了，每次去的时候，大多是郭师母接待我。张老师和郭师母不仅在学业上指导和关心我，而且也在生活上给予我很多支持和帮助。我家在农村，母亲早逝，父亲身体不好，家境贫寒。张老师和郭师母得知我的家庭情况后，经常给我以帮助，有时候春节回家还给我一些补品让我带给老父亲。每次放假返校，张老师和郭师母都会问起我家老人的身体状况，感激之情真是难以言表！

虽然张老师是校领导，工作非常繁忙，但一直关注着我的学习，并抽出时间给我指导。张老师在山大上班从来都是早到晚走，大多数是在上班前和下班后的时间段内，让我到他在办公楼二楼的办公室找他。我读研期间，张老师给我们讲课不多，但是每次讲课，他都准备充分，备课认真，把最前沿的理论研究成果介绍给我们。张老师讲课时，重点突出、逻辑严密、语言生动，富有趣味性和吸引力，特别是他能够娴熟地把党中央的最新方针政策和课程的理论内容有机结合起来，赢得了我们学生的热爱和尊敬。

由于张老师政务缠身，学院就安排张锡恩教授作为我的副导师，来协助张老师指导我，所以在读硕士期间，我非常有幸得到两位导师，更确切地说是三位导师的悉心指导，因为郭师母也是研究中共党史的专家，也指导硕士研究生，我同宿舍的李希武同学就是郭师母的研究生，我们也经常一起聆听郭师母在学业上的指导。

硕士研究生毕业后，我留在山东大学马列部任教。留校之初，我主要讲授《中国革命史》和《毛泽东思想概论》两门课，张老师是研究中共党史方面的专家，并具有丰富的讲授中共党史和科学社会主义的教学经验，因此对我上的这两门课也很看重，嘱咐我一定要多看书，备好课，上好课，并传授给我一些上课的经验，使我受益匪浅。

留校工作后，才觉得在山大这样的高等学府，仅有硕士学位是远远不够的，于是就准备进一步深造学习，攻读博士学位。我把自己的想法告诉张老师后，他非常赞同并鼓励我好好复习。1999 年 9 月，我成为张老师的博士生，再次在张老师指导下学习。

与硕士期间相比，博士学习期间，与张老师接触的机会就多多了，特别是 2001 年新山东大学成立以后，张老师顾全大局，服从党和政府的安排，主动从领导岗位上退下来。张老师退下来后，在邵逸夫科技馆二楼有一间办公室，与担任校领导时一样，张老师每天都是急匆匆行走在校园中，准时到办公室，由于我的工作单位马列部也在新校，所以能经常在校园里碰到张老师。我也经常到张老师的办公室去找他，那时候，我们交谈的内容就比较宽泛了，也比较随意，不再仅仅限于学习方面，而且也会涉及国家大事、社会热点、工作、生活等方面的话题。交谈之余，张老师会把看到的好文章和著作推荐给我看，也经常把他参加博士论文答辩后认为比较好的博士论文送给我，让我学习借鉴，可以说是无微不至。在论文选题上，张老师也非常宽容大度，一般导师都要求学生选择自己擅长的研究领域或正在承担的课题作为论文选题，但是张老师在得知我对欧洲一体化比较感兴趣之后，就鼓励我选择这一领域作为博士论文选题，至今想起来，仍为张老师的宽厚包容和奖掖后学心存感激。

张老师虽然平时不苟言笑，但是非常慈祥和善，处处为别人着想，时时关心着学生的成长。在我人生历程的重要阶段——结婚生子、出国留学等，张老师在百忙中都想着学生的事情，不忘送上老师对学生的祝福。让我印象最深刻的一件事，是2003年我申请到国家留学基金委的资助，到英国剑桥大学留学一年。张老师得知我要出国留学的消息后，非常高兴，在百忙中(那时先生虽然不再担任校领导，但是仍担任教育部人文社科重点研究基地山东大学当代社会主义研究基地主任，同时还担任山东省政协常委，仍然非常繁忙)，先生和师母在山大新校旁边的上岛咖啡为我饯行，嘱咐我出国在外要注意安全，要勤与家人保持联系，要充分利用这次机会提高自己的科研水平和能力。谆谆教诲，情真意切！言犹在耳，终生难忘！这次温馨的聚会给我留下了难忘的记忆。

在我的印象中，张老师身体非常好，走起路来健步如飞，做起事来雷厉风行。每次碰到张老师，都感觉恩师精力充沛，气度不凡，富有青年人的那股朝气和活力，从来不会想到这样健康的人这么快就病倒了。得知先生病倒后，我们都感到非常震惊和惶恐，很久都不愿相信。刚开始见到张老师，虽然行动有点迟缓，但是意识比较清楚，也能认出我的女儿来，说:“这不就是朱贵昌的孩子吗?”可是没多久，当再次到齐鲁医院看望张老师的时候，他已经意识不清了，不能认人了。偶尔喊两声张老师，还有点反应，再后来，连这种反应也不敢奢望了。病情发展得太快了，每次到医院探望张老师回来，心情都非常沉重难过。师从张老师七年，自己从一个非常胆怯的乡村中学老师逐渐成长为一位相对自信的大学老师，这一转变过程中，凝聚着张老师多少汗水和心血！

岁月无情，虽然张老师已离我们而去，但是恩师的高尚品德和人格魅力，永远留在我们学生心中。先生之风，山高水长，虽不能至而心向往之。

怀念我的导师张乐岭教授

马用浩

张乐岭老师离开我们已经三年了。三年来，脑海里时常浮现起老师的音容笑貌，和老师相处的点滴故事常常令我热泪盈眶。

我是2000年秋天成为张老师的博士生的。得知被录取的消息后，给张老师打电话，张老师很高兴，给予了很多的鼓励，说以后有问题可以随时和他联系。因为此前和张老师联系不多，对张老师的第一印象就是平易近人，和蔼亲切。2000年的教师节和中秋节相隔的时间不长，作为刚刚进入师门的弟子，我想借这个时间去张老师家拜访，请教在博士学习期间怎么把学习和科研做好。因为是第一次到张老师家里，感觉空着手不妥，应该多少带点礼物以表示敬意和节日祝福。记得当时我买了一箱青岛啤酒，用自行车驮着就去了张老师家。张老师和郭老师热情接待，仔细询问我个人以及家庭的情况，鼓励我努力学习。张老师和郭老师都非常平易近人，热情细致，令人感动。临走时，张老师执意不收我带去的啤酒，说这是他的规矩。我说就这一次，以后什么也不带了。张老师还是不同意，非要塞给我一百块钱。我没有收老师的钱，匆匆离开了。下楼后，就骑上车子走了。走远了，还能听到张老师在后面喊："小马，小马！"后来，和同学谈起这件事，熟悉张老师的同学说，张老师不但不接受学生的礼物，有时候还要为同学找工作等事情花钱费心。以后再去张老师家，再也没有带什么东西。张老师去世后，作为张老师的弟子，为了表示对恩师教诲的感谢和恩师离去的哀悼，略备奠仪，离开济南后郭老师又安排师兄朱贵昌老师给退了回来。朱老师说，这就是张老师的风格，否则张老师的在天之灵会不安的。每当想起张老师，我的耳边还在回荡着张老师喊我的声音。

张老师很真诚，对老百姓的疾苦非常关心，对社会不良现象深恶痛绝。读博期间，我选了"关于社会转型时期弱势群体的问题"作为自己的毕业论文选题，张老师认为这个选题很有现实意义。谈到社会上存在贫困现象、失业下岗、贫富差距等问题，张老师都非常关切，认为值得认真研究。在我的论文写作过程中，张老师还为我提供了不少这方面的资料和线索，张老师对于社会下层民众的同情和关切，至今仍然记忆犹新。每次放假回来，我一般都去张老师的办公室向他汇报假期的见闻，以及对一些问题的思考。当向老师提到回家经常听到地方存在的贪污腐化、脱离群众、目无法纪等现象时，张老师的表情会沉重起来，陷入深思。

读博期间，是张老师的鼓励和帮助使我度过了一段非常难熬的日子。我父亲自 1999 年 12 月 20 日脑血栓复发，上肢一侧不能活动，失去了语言功能。因父亲患病，我的心理压力很大，一方面要给父亲治病，另一方面还要完成学业。父亲病重期间，我的状态很差，睡眠不好，毕业论文写作一度处于停滞状态，心理上常常处于自卑和自责状态。张老师和郭老师给了我极大的安慰，再三表示如果在经济上有什么困难一定要跟他们讲。张老师还给我的硕士研究生导师费利群教授打电话了解我的状态。在山大新校邵馆二楼西侧的办公室里，张老师告诉我不要着急，困难总会过去，有问题和困难找老师。回想起来，当时的我处于心理非常脆弱的状态，是老师的宽容和鼓励帮我度过了人生的一个关口，在老师的指导和帮助下才完成了论文写作。最终我推迟一年通过了博士论文答辩。当然，如果没有家庭的变故，博士论文可能会写得更好些。但是，我还是非常感谢老师在这关键时刻给予的无可替代的理解、支持和帮助。

能够成为张老师的学生，是我们的福分和幸运。张老师的人品在山大有口皆碑。在山大，不管是和哪位老师谈起张乐岭老师，都会说张老师人品好，是位好领导，是个好人。2011 年 10 月 19 日，张老师离开了我们。在张老师的灵堂里，我看着遗像上的张老师微笑着，头发花白，眼神慈祥，仍然在亲切地看着我们。我跪在老师的遗像前，给老师磕头。在网上的留言板上，我写道："作为张老师的学生，我们为老师的离去而悲伤，同时为有幸成为老师的学生而自豪。张老师，您的学生永远怀念您!"先生之风，山高水长。作为张老师的学生，我们将努力工作，踏实做人，将老师的风范传承下去，将老师的故事讲给更多的人听。

忆恩师二三事

——缅怀师德楷模张乐岭先生

杨鲁慧

2011年10月19日闻悉我的导师张乐岭先生病逝了，既震惊又悲痛！顿时感到茫然和悲叹不已，连夜与几位博士弟子赶赴家中看望师母。尽管张老师患病住院多年，弟子们也以各种方式关心着先生的病情并不时去医院探望，然而一旦得知这一噩耗，仍然不愿相信和接受这样的残酷现实。几天后，张老师的多位弟子从全国各地赶来，我们在山东大学校方设置的灵堂和追悼会上为张老师守灵，再看老师一眼，再送先生最后一程。

先生走了，带着他对我们弟子无尽的爱！恩师去了，留给我们一笔取之不尽的精神财富。人生与事业的导师——张乐岭先生已与我们分别有三载之余。然而，他严谨的治学态度，精湛的学术造诣，做人的高尚品质将提供给弟子们一生的正能量和无形资产，激励着我们在学业上不断前行、勤学攀登。

2001年张老师从山东大学党委书记的岗位上退下来后，重拾学术研究，专心致志，甘于寂寞，超然洒脱，每天都去办公室潜心读书做学问，著书立说。先生的君子人格和学者风度完美融合，他总是那么淡定、从容、平和、温厚。先生看似温文尔雅，其实有着顽强的意志力，有着宽广的胸怀和超常的忍耐力；看似随和泰然处之，实际上原则性很强，很有定力和主见。这既源于他宽厚平和的秉性，也集中体现了先生崇高的人生境界和深厚学养。先生锲而不舍的探索追求，严谨的治学学风，不仅把我们学生引进了学术殿堂不断去探寻未知领域，而且言传身教、身先士卒，让我们弟子在他平凡生活的点滴中感悟到先生崇高的为师品德。

先生在学术理论界的声望，一方面源于他渊博的学识和专业建树，更重要的是他宽厚待人、与人为善的高尚品质为世人所赞叹。在博士生德与才的培养过程中，张老师在处理德才关系时，首先把握的是“德才兼备，以德为先”的原则，教我们如何先做人，再做学问。他经常告诫学生，一个人在事业上能否走向成功、取得成就，不仅取决于学术功底的高深，还要取决于人品、人性和为人，当二者条件都具备时才能成事、成功。先生注重教育方法，常常在不经意间的谈天说地聊天中让我领悟做人与做事的道理。先生的教诲学生铭记在心并终生受益，并潜移默化地影响着我的人生道路。先生不仅教给我做学问应秉承的态度，更教育我做人的基本原则。他的高尚人格，平易近人的态度，脚踏实地的作风，具有深刻无穷的感召力和凝聚力。

张老师虽然是山东大学的校领导，但他从来没有领导架子，更像大学里的一位普通教师。我们也从未见过他疾言厉色、发怒生气，他总是宽容为怀，循循善诱，平易近人。学生去先生家中汇报学业或去探望，每次临别时他总是要送到楼下，作为学生和晚辈，不忍心让先生受累上下楼，再三劝阻，但是他始终坚持每次送到宿舍楼下门口。每当我回头望见先生挥手送行的情景时，心里就充满了感动和温暖。先生虽然在学校领导岗位上身居高位，可他对学术前辈和师长十分敬重，格外关照。记得那是

2002年，山东大学当代社会主义基地在青岛举办学术研讨会，张老师作为校领导和学者身份也参加了会议。会议结束后，山东大学安排了专车去青岛接他返济，但他看到年事已高的赵明义教授还要去火车站乘车上下不方便时，就决定把专车让给赵老师乘坐，并嘱托司机一定要把赵老师送到济南家中，自己却去了火车站乘火车回济南。临行还嘱咐我："小杨，你跟着赵老师坐车回济南吧，赵老师年龄大了，你在路上注意照顾好。"

张乐岭先生严于律己、高风亮节及公私分明的精神，总是令我们这些做晚辈的学生深为敬佩和折服。有一件事深深铭记在我脑海里，至今记忆犹新、令人感动。那一年春节前夕，先生和师母一起回老家过春节，他们回家乡需要从济南坐火车先到泰安，再从泰安转乘长途汽车到村镇里，路途颠簸，十分不便。那天他们到达泰安后，由于时间太晚了，没有赶上长途汽车，只好在泰安住一夜，准备第二天清晨再去长途汽车站乘车。当晚师母他们在酒店办理入住手续时，恰逢山东大学当代社会主义基地办公室的一位工作人员遇到他们，当她看到张乐岭先生大包小包的行李时很惊讶，问清事由后便说："你们不用办理住宿手续了，正好基地在这儿筹备公务活动，一起结算就行了。"但是张老师坚决不肯让公家支出住宿费用，并说："这是我们自己家里的事情，怎么能作为公费开支呢？不行！坚决不许！"他态度很明确，一定要自己付住宿费用。第二天一早没有与任何人打招呼，自己结了账乘出租车去长途汽车站了。事后基地的这位工作人员见了我就说起了导师这件事，我们都非常感慨和感动！前些年的时候，张乐岭先生作为山东大学的校级领导，春节回老家探亲，让学校安排辆汽车送一送并不为过，大家都能理解；即使不用学校的公车，先生凭着自己的社会影响，以及桃李满天下的人脉关系，打个电话安排个车也是没有问题的;再说到了泰安没有赶上长途汽车,打个电话让学生安排车送一趟也是人之常情。这几种情形先生完全有理由可以选择,以解脱旅途不便和劳累,但是他都没有这样去做。这就是先生的自律,先生的高尚,先生的人品,先生的为人!体现了一代师德楷模的所为。这件事在我们学生之间作为佳话流传,令人赞叹不已。

张乐岭先生一生从事马克思主义理论的教学和研究工作,不仅有着高深的学术造诣和丰硕的研究论著,而且有着深厚的马克思主义理论功底,由此造就了他具有马克思主义理论研究者的坚定性和历史责任感及使命感。先生在教学和科研领域取得的成就,固然植根于他渊博的知识及深厚的功底,然而更渊源于他对马克思主义理论和社会主义信仰的执着与坚守,对党的教育事业的敬业和对教师职业的热爱。他培养了难以计数的学生和研究生,真可谓桃李满天下,并获得弟子们深深的仰慕和爱戴。恩师高尚的品格,精湛的学术造诣,严谨的治学态度将影响和指引着我们这些弟子的人生之路,我们也不会辜负先生的教诲和期望。

在张乐岭先生纪念文集出版之际,在此告慰先生:您对我的教育培养,学生感恩戴德,永远铭记,终生不忘!敬述以上文字是为永念!!!

恩师音容永在!恩师的光辉形象永远铭刻在学生的心中。

忆恩师张乐岭先生

成　伟

恩师虽逝，风范长存。转眼之间，张乐岭教授离开我们已经三周年了。作为他的博士研究生，我常常感念张老师的恩情，更惋叹他的早逝，每当回忆起与他生前相处的点点滴滴，总会勾起我对张老师浓浓的哀思。

结识张老师源于师母郭桂英教授。郭老师既是我的师母，也是我的硕士研究生导师，是她引导我步入了学术研究的殿堂。大学毕业后，我考取了山东大学国政学院科学社会主义专业的硕士研究生，师从郭桂英教授。郭老师不但在学术上给予我精心指导，在生活上也对我关心备至，也正是在与郭老师的接触中才认识了张老师。刚认识张老师的时候，他还在学校领导岗位上主持学校工作，工作繁忙，很少见到他，偶尔碰见也只是打个招呼，并没多少交流。鉴于当时张老师是学校的领导，无形之中对他就有些许敬畏和距离，所以当时对他的了解并不多。后来，张老师从学校领导岗位上退下来，虽然还参与一些行政工作，但主要的工作就是潜心做学问，工作的繁忙程度就有所降低了，这样和张老师接触交流的机会也就多了。交流中，我首先感觉到张老师在生活中是一位和蔼可亲的长者，非常平易近人，无论说话还是不说话，他总是面带微笑，和他交流会感觉很轻松愉快。不但如此，张老师更是一位治学非常严谨的学者。我们经常讨论一些学术问题，每到这时候他好像就严肃了一些。他分析问题总是高屋建瓴，理论联系实际，把问题分析得无比透彻到位。他和郭老师经常鼓励我要不断学习，要追求进步。2001 年，已经工作了两年的我再次踏上求学之路，有幸考取了张老师的博士研究生，跟随先生从事中国特色社会主义理论与实践的研究。

《毛泽东邓小平社会主义思想比较研究》(上、中、下三卷)就是张乐岭先生长期从事中国特色社会主义理论与实践的研究成果之一。记得当时张老师赠送给我们同学人手一套，大家都非常高兴，私下都说张老师人真大方。全书围绕"什么是社会主义，怎样建设社会主义"这个基本问题，运用历史与逻辑相统一、理论与实践相结合的方法，分别从哲学层面、社会主义基本理论层面以及社会主义建设实践层面，全面系统地比较研究了毛泽东、邓小平两位伟人的社会主义思想。这部著作很好地帮助我们从纵横两方面系统地了解关于中国特色社会主义理论的产生、发展，为我们提供了进一步研究的基础。

在追随先生从事学术研究的过程中，我深深地感受到了张老师的人格魅力和学术水准。张老师平易近人、学术严谨、思想深邃、思维敏捷，作风民主，这一切，留给我们学生深刻的记忆，也成为我们深深怀念老师的重要原因。

至今我还保留着当年张老师给我们博士生讲课时所做的笔记，每次看到它，就会想起张老师给我们上课的情景，他总是笑眯眯的，面带微笑，边讲边讨论，循循善诱，引导我们思考现实中的问题，试图让我们学会在批判中建构新的理论和形成新的思想。大家上他的课都非常放松。所以，我深深感到，和先生交流，看他的学术专著，收获的不仅是他的思想，更是他传递给我的严谨的治学态度和分析问题的方法。

张老师在学术上给予我的指导和帮助更是使我终生难忘。在攻读博士期间张老师指导我论文的一幕，虽然已过去十年之久，却依然历历在目，不能忘怀。那次我约好到张老师的办公室就我的博士论文相关问题和他讨论，从论文框架的安排到个别观点的表述，以及某些有争论问题的处理，张老师都给予了详细而全面的指导，提出了很多建设性的指导意见。记得正当我们讨论得很激烈的时候，突然办公桌上的电话响了，原来是郭老师打来电话催张老师回家吃饭。这个时候，我们两人不约而同抬头看了一下墙上的挂钟，已经 12 点半多了，由于讨论得过于投入，竟然忘记吃饭的事情了。我顿时感到不好意思，催促张老师赶快回家吃饭，免得郭老师担心着急。但张老师笑笑说："没有关系，偶尔午饭晚吃一次无妨。"尽管张老师轻描淡写地回答了我一句，我还是非常感动。就这样，在张老师的精心指导下，论文几经易稿后，2004 年 6 月我终于顺利毕业。

退休后的张老师，更喜欢和他的学生们交流，也更关心我们的生活、工作和学习，每次看望他，张老师总是会问：最近工作怎么样？生活有困难吗？需要帮助吗？等等。他总是勉励我，在保证身体健康的情况下，要好好工作，既要教好书，也要搞好科研，当下社会竞争非常激烈，不要懈怠，否则就有可能被淘汰。张老师的教导是中肯的，是受用终生的。

世事无常，造化弄人。谁也不曾料到，为工作操劳了大半辈子，本想退休后能好好休养身体，颐养天年，表面看来那么硬朗的一位老人，在退休不久却患上一种世界性的疑难疾病。记得那是 2006 年的中秋节，我去看望张老师和郭老师，尽管张老师微笑着，欢迎我的到访，可是我却发现张老师的肢体反应似乎没有了往日的灵活，思维似乎也没有了昔日的敏捷，语言表达有了一定障碍，走路有点倾斜，没有了往日的稳健和平衡。我感觉很诧异，询问郭老师后才知道，原来张老师的身体发生了病变，小脑出现了萎缩的症状，并且发展得很迅速，目前世界上还没有找到其发病的原因。我听后，心里非常难过，上次见到他的时候还好好的，这次竟然如此。当时心里确实有点难以接受，但也只能默默地为张老师祈福，希望奇迹会出现。不曾想，此后张老师的病情却迅速恶化，竟然需要长期住院治疗。2007 年下半年，张老师已经完全失去了语言表达能力，且动作协调能力也已经丧失，只能依靠流食维持生命。当我们同学再次到医院看望张老师的时候，他意识还清醒，他眼里噙着泪，但却不能表达。看到这样的情景，同学们都抑制不住悲伤的情感，背过身去流眼泪。多么好的一位老师，竟然得了一种让人痛苦不堪的疾病。以后的几年，张老师就这样卧床不起，在医院的病床上度过了余生。

2011 年 10 月 19 日 14 时 30 分，张老师的生命就定格在这一时刻，我们敬重的张老师停止了心跳，停止了大脑的思维，永远地离开了我们。“捧着一颗心来，不带半根草去”，这是张老师一生最真实的写照，张老师把自己的思想和生命献给了党，献给了工作，自己两袖清风驾鹤西去。师生闻此噩耗无不为之悲痛！张老师留给我们的是受益终生的宝贵的精神财富。

下面是张老师逝世后我写的两篇日记，现抄录如下，以此怀念张老师：

2011 年 10 月 19 日

吃过晚饭坐在沙发上看电视，师姐杨鲁慧突然打来电话说，我们的导师张乐岭先生今天下午两点多去世了。虽然张老师重病在床，不省人事已经好几年了，但听到他去世的消息还是觉得有些突然，因为前几天我和爱人刚去医院探望了他，病情还算稳定，没有什么异常。所以，对于他的过世，既在意料之中，也在意料之外，心里很难过。考虑到受打击最大的就是师母郭老师，于是我和几个同学一起连夜去看望了郭老师。看得出来，郭老师很难过，但表现得还算平静。我们强忍住悲痛劝慰郭老师，又商量了一些有关帮助料理张老师丧事的事情，回到家已经是深夜11点多了。

2011年10月23日

今天是张老师遗体告别的日子。

一大早，天气就阴沉沉的，11点多撤灵堂准备去粟山殡仪馆的时候，天空突然飘起了雨丝，一路上淅淅沥沥地下着，老天好像也在为张老师的离去而伤心……

整个仪式结束回到家以后，已经是下午4点多钟了，整个身心都非常疲惫。我躺在沙发上，一动也不想动，两眼呆呆地望着天花板，关于张老师的一切都在脑海里像电影一样一幕幕闪过，心里再次祈祷，敬爱的张老师，永远告别了，我们会怀念您的，愿您一路走好！

永远定格在我脑海中的不是最后一面见到的张老师的遗容，而是以往我经常见到的一幅情景：每天，一位精神矍铄的老人，面带微笑，迈着从容而矫健的步伐，穿过校园的中心区，走向他的办公室……

亲人的怀念

忆乐岭

郭桂英

三年前，乐岭的病逝犹如巨雷轰顶，给了我致命一击。经过近三年的悉心调整，我终于从痛苦无奈的阴影中走出来，心绪也平静了许多。在乐岭三周年忌日到来之际，我和亲朋好友想为他做一件事，就是编写一本关于乐岭的回忆录，沿着他小学、中学、大学到参加工作半个多世纪的足迹，追忆他学习、工作、生活的片段和细节，以给生者某种启迪和教益。我们认为这应是对乐岭最好的追思和缅怀。

求学路上铸学德

1941年1月25日，乐岭出生于山东泰安王家庄——徂徕山下一个偏僻的小山村。乐岭的父母都是勤劳质朴的农民，膝下育有五个子女，乐岭是最小的一个。他的三个哥哥和一个姐姐因战乱或农活繁重都先后辍学，乐岭因受到父母格外关爱，才让他读了中学、大学，直到完成整个学业。乐岭十岁时进入王家庄小学，入校后他就受到良好的启蒙教育，由于他学习认真刻苦，各门功课都取得了优良的成绩，成为一名德、智、体全面发展的小学生。后来他在一篇日记中回忆到这段生活时，曾写道："我是

1950 年开始走进小学大门的，当时的许多事情都已经遗忘了，只是我还记得在每学期期末的榜上第一名便是我。每当我领到老师发下的奖品和奖状时，我是喜不胜喜，因为这是我成绩的标志，年年如此，所以我很受老师和村里人喜爱。如考试、书法、背诵、朗读、游戏、爬山以及跳绳唱歌等，这些小学的生活片段无不栩栩如生，至今还留在我的记忆中。”

乐岭之所以有这样良好的开端，跟家庭的教育和他二哥的影响是分不开的。乐岭的父亲朴实善良，但对子女要求极其严格，他教育子女要好学上进、自觉接受学校的教育。乐岭的二哥是一名光荣的人民解放军战士，乐岭 10 岁时才第一次见到二哥，当时二哥已经是一名解放军空军军官。后来二哥经常写信教育鼓励他要好好读书，听学校的话，争取入团、入党。乐岭把哥哥的话铭记在心。哥哥的鼓励和支持对他影响深远，翻开乐岭的那本日记本就能感受到这一点。那是一本绿色封面的硬皮日记本，乐岭非常珍视这本“高质量的日记本”，长时间“不舍得用”。后来，为了记录二哥的话，记录他和哥哥相处的点点滴滴，才启用了这个日记本，并把哥哥的一言一行作为他生活和学习的座右铭。

1955 年夏，乐岭考入泰安二中，初高中六年的学习生活都是在这里度过的，在这里他系统接受了语、数、外等基础课程的教育。由于学习刻苦、方法得当，他的各门功课都取得了良好成绩，为今后的学业打下了坚实的基础。泰安二中地处泰山脚下，由于受到厚重的泰山文化影响，学校在注重素质教育的同时，尤其注重传统文化的传承。在这种氛围影响下，使得中学时代的乐岭对传统文化，尤其对书法、古诗词产生了浓厚的兴趣。从那时起他就开始喜欢二王、颜、柳以及唐怀素等人的墨迹，在课余饭后经常到岱庙、王母池、孔子登山处等地观摩研习古人的石刻碑文。在他的札记、随堂笔记等处时常可见他模仿古人书法的痕迹，即使在平时走路时，也能看见他在用手比画着书法的运笔走势。所以后来他才能写出一手清秀的小楷、流畅的行书。此外，他还喜欢课外阅读，对古今中外的文学作品也有浓厚的兴趣。他利用课余时间，阅读了中国古代四大名著、唐诗宋词、鲁迅的杂文小说，以及苏俄文学作品等。对一些诗词歌赋中的名言佳句，特别是毛泽东的诗词佳作等，乐岭大多都能熟记于心、脱口而出。有时在他的日记里、书信中也经常可以看到他触景生情，用格律诗的形式抒发一下感慨。记得 1967 年秋季里的一天，他就用一首小诗抒发了他第一次到我家去的情景："风轻云俏挥汗单丰道，金辉千里棉铃笑，报道君家已到。母亲拂尘相迎，窗外君唤娘声。举目向阳小院，檐下一株枣红。"在他生前，类似的这种小诗词在他的日记、书信中随处可见，但是他总觉得这个爱好有些班门弄斧，不愿意在别人面前轻易献丑，即使对最要好的同学朋友也从不外露。也正是由于他的这些文学爱好，让他在后来的工作之余结交了一些文学、书法方面的朋友。

除了学习刻苦、成绩优秀外，乐岭还经常积极参加体育锻炼、校内外公益劳动和社会活动。体育方面，他在田径，如短跑、跳高等项目都有不错的成绩。在"从学校到北京"的"幻想跑"活动中他表现尤其突出，每天早起晚睡，不虚报、不叫苦，严格按照规定跑完全程，表现出超人的毅力和耐力。在劳动方面，除了参加校内勤工俭学、校外大炼钢铁，乐岭还积极帮助农民夏收秋种，干一些力所能及的农活等。特别值得一提的是，乐岭和他的同学们在 1960 年夏响应号召，积极投身到艰苦的泰安黄前水库的建设劳动中。在近两个月的劳动中，乐岭表现出不怕吃苦、不怕劳累的顽强意志。当时女同学和体弱的男同学被派去做些刨土、装车等相对轻松的活，尽管乐岭当时在班里也属于身材相对矮小瘦弱的，但他仍然要求去做推车的重体力活。在劳动中他从未掉过队、请过假，始终保持高昂的热情、乐观的精神。劳动之余他还负责班里的板报撰稿工作，表扬好人好事，用来鼓励大家。

中学时代的体育、劳动、社会实践锻炼了他的意志，增强了他吃苦耐劳的精神。1958～1961 年正逢国家“大跃进”和三年自然灾害时期，当时物资匮乏，生活条件极端艰苦，吃不饱、饿肚子的事情时有发生。同学们有时要到地里拔野菜或捡些地瓜叶充饥，后来连这些东西也没有时，为了填饱肚子甚至弄一些毫无营养价值的橡子面充饥。在当时口粮极端缺少的情况下，学校对口粮不得不实行严格的按人头定量供应。每人每月按 30 斤口粮的总量发到班级，班委会再根据每个同学身体强弱、饭量大小按等级发给个人。落实这项政策是一件繁琐的工作，一日三餐需提前预订，由生活委员把同学们交上来的饭票整理登记，再用这些饭票到学校食堂领取食物。同学们推选乐岭为班里的生活委员，把这项重要的工作交给了他。乐岭没有辜负大家对他的信任，一干就是一年半，工作认真负责，得到大家的一致好评。中学的艰苦生活和频繁的社会劳动实践历练了乐岭的意志品质，为他今后继续深造和发展打下了基础。

1961 年 7 月，乐岭以优秀成绩考入山东大学政治系政治专业。对于政治系政治专业的学生来说，家庭出身和政治表现尤其重要。当时班里共有二十六七名学生，其中党员大约有十二三名之多，占了一半以上，其余大部分是贫下中农或烈士子女，而且同学中的大部分都是来自中学里的班级学生干部。乐岭的家庭出身是中农，他还是个团员，在中学只当过班里的生活委员。这样的条件对乐岭今后的进步，特别是解决组织问题不能不是一个挑战。

1961 年入校时，国家三年困难时期还未过去，山东大学又刚刚从青岛搬到济南，无论是师生的生活条件还是教学条件都是艰苦的。在物质方面，大学里不仅教学条件简陋，物质生活也很艰苦。大学生每个月的供应标准是每人仅有 30 斤口粮，但是按饭量大小、身体条件等来分发到个人，有的就达不到这个标准。在粮食不够的情况下，我们就只好以地瓜充饥。每到上完两节课后，同学们就饥肠辘辘，实在没办法就以水冲酱油来缓解饥饿。很多同学由于长期营养不良，出现了不同程度的水肿病等现象。在教学环境方面，由于学校尚处于新校舍刚刚建设时期，教学设备简陋，教室紧张，同学们除了在阶梯教室上大课以外，每个学生配备一套桌椅，就在学生宿舍里学习。政治系大部分课程没有教材，教学方法一般是老师讲、学生记，课下整理笔记。尽管各种条件艰苦，但同学们的学习热情仍然很高，在学习、生活各方面表现出坚强的意志力。乐岭也不例外，在困难面前他不仅没有退缩，反而增加了他的紧迫感，激发了他克服困难的勇气，表现出饱满的热情和乐观向上的精神。

乐岭在进入大学以后仍然保持着勤奋好学、刻苦钻研的作风，学习成绩一直名列前茅，不久就在学习上显示出较强的实力。当时大学里的考试成绩是 5 分制，3 分以上为及格，3 分以下为不及格。如果两门不及格可以补考，超过两门就要留级或退学，所以同学们对于考试都非常重视。乐岭在大学四年的成绩大都是 5 分，仅仅出现过两次 4 分，他还感到非常懊恼，不能原谅自己。那时因中学普遍缺少外语教师，同学们外语基础较差，进大学后更感到吃力，外语成绩一时很难上去。还有一门课是《中国古代政治思想史》，这门课更难学，满纸是“之乎者也”，如读天书，不知所云，阅读起来都磕磕绊绊，所以考试就很难取得好成绩。当时这两门课放在同一个期末考试，复习时间紧张，在别的同学大部分考3分的时候，乐岭破天荒出现了两个4分，这对于平时严格要求自己的乐岭来说，还是受到了沉重的打击。他曾在1963年11月23号的日记中这样写道："昨天，是我永远也不能忘记的一天，当我拿到记分册的时候，我几乎留下了泪水，多无耻啊！我在想是否我曾经有过无耻的骄傲。然而，我不能找到明确的答案。四分！无耻的四分啊，你怎能不令我难受呢？……"从此，他对这两门课格外用功，并从中总结了一套自己的学习方法。他认为，要学好外语必须常用常练，不厌其烦，而学好思想史的诀窍是将各流派的政治主张、思想特点进行分析比较，进而做到融会贯通，一目了然。

还有一次在"国际共产主义运动史"课堂上的课前提问环节，乐岭给我留下了深刻记忆。记得"国际共产主义运动史"是政治专业大学二年级开设的一门专业课，由何作榕老师主讲。何老师讲课语言生动、条理清楚、旁征博引，课堂气氛活跃，大家都喜欢这门课，但是这门课没有教材，老师课堂上所讲内容又快又多，同学们记笔记的速度如果跟不上，课下就很难复习和掌握。另外，老师每当提问后都要针对学生的解答作透彻严格的讲评，还要追根刨底问清楚你的对错所在，如果答得不好就会很尴尬地站在那里被老师评判一阵。有一天在课堂上，何老师让一位同学阐述一下"十月革命"的道路问题，大家都怕叫到自己的名字，不自觉地低下了头。这时老师突然叫到了张乐岭的名字，只见在我旁边不远的地方，一位瘦瘦小小、其貌不扬的男同学慢慢地站了起来。我看着这位同学，心里不由地暗暗为他捏了一把汗。没想到这位乐岭同学不慌不忙地站起来，略加思索后就滔滔不绝、口若悬河地讲起来。他从十月革命的定义、内容到俄国走这条道路的必然性和必要性讲起，再联系到中国新民主主义革命道路的特点和异同，最后还讲到了这条道路的理论意义和历史意义。问题阐述得逻辑严密、条理清晰，有论有据，概括得十分完整。这个语惊四座的回答得到老师的好评，也让同学们对乐岭刮目相看。后来我才知道，原来每次学期末大家争相传抄的那份字迹工整、记录详实的课堂笔记就是出自这位乐岭同学之手。由于他很早就掌握了课堂速记的诀窍，能把好多专用词语用简写的方式记录下来，所以他在自习时总能把课堂笔记很快整理掌握，腾出剩余时间到图书馆、资料室翻阅大量的参考书目和资料。乐岭不仅能把老师课堂上所讲内容准确掌握，还能把老师留下的参考书目也一一读完。所以在每个学期末，他都能取得好成绩就不难理解了。

乐岭在大学期间除了围绕专业进行一些阅读外，还进行了大量而广泛的课外阅读。山大图书馆的丰富藏书让他如获至宝。在这些藏书中，有少量是他中学时期读过的，或者曾经读过但理解不深的，还有大量藏书是他从未涉猎到的，所以他一有机会便一本一本如饥似渴地读起来。这段时间的阅读经历拓宽了他的知识面，提高了他的写作水平，使他能够把课堂上所学的理论和课外的社会实践有机地结合起来，经过独立思考形成自己的真知灼见。在四年大学临近结束时，他的毕业论文——《犁田中的必然和自由》一文被评为优秀毕业论文，被他的导师推荐到《文史哲》发表，并作为范文张贴在学校广告栏里，供大家阅读。这与他大学阶段一贯坚持刻苦学习、广泛阅读和独立思考的学习习惯不无关系。

乐岭大学期间在思想上积极要求进步，行动上也能处处严格要求自己。例如，当时国家为资助贫困学生读书，设有专项助学金。因为班里同学大都来自农村，所以需要补助的面也较大，递交了申请的同学大部分都能够被批准。当时班里只有一个同学因其父亲是县委书记，没有提出申请。再一个就是乐岭，他觉得自己有个在部队当兵的哥哥，每月可以拿出少部分工资贴补家里，他不算最困难的，所以也没有提出申请。当时班级同学的助学金每月最高可以享受到 20 元。乐岭当兵的二哥是个连级干部，工资只有 50 多元，除了留下三口之家的生活费之外，给乐岭 20 元，还要给父母 10 元，所以大家生活并不宽裕。乐岭每月上交伙食费之后，身上已经所剩无几。他知道这些费用完全是父母和哥哥从自己生活所需中一点一滴节省出来的，所以他大学四年的生活一直很节俭。哥哥送给他的一双皮鞋一穿就是四年，身上的衣服多是由母亲用家织布料做成的。一支钢笔、一个笔记本也要保存很长时间不舍得用，但是他对别人处处大方也是有目共睹的。当时生活困难，吃不饱的情况还是经常发生。乐岭的父亲担心个子矮小的儿子在学校饿肚子、营养不良，有时就在农闲的时候往学校里给他送吃的。记得有几次，乐岭的父亲把一个个精挑细选的花生米，装了满满一口袋送给乐岭作零食。乐岭不愿意在生活上搞特殊，就把这些花生米一个不留地分给各组同学共享。

1963 年 3 月，毛泽东同志发出“向雷锋同志学习”的号召，乐岭和全班同学一道积极投入到学习雷锋的活动中。通过这次活动，他对自己的要求更加严格了。他积极争取党支部的帮助，定期写思想汇报进行批评和自我批评，以雷锋为榜样，多做好人好事。他曾在日记当中写道：“一个伟大的光荣的共产主义战士在做我的榜样，我每天的生活要以毛泽东思想为指导，以马列主义的阶级分析为标准来分析我的生活，即把它作为我生活的准绳、行动的镜子、前进的鞭子、思想的防腐剂，我相信在它的帮助下,我将会不断地在党所指出的道路上前进。”在这种思想的指引和鼓励下,乐岭和班里的其他几个同学一起,利用课余时间到学校附近的生产队帮老乡到农田里拔草干农活。刚开始的时候,他也有过顾虑,怕别人说这是在“作秀”,后来得到老乡们诚恳的感谢后才慢慢改变了这种想法。在学校里,他也经常到学校厨房里帮厨,得到厨房师傅们的赞扬。默默做过这么多事情,但他从不声张,这些事也是后来在他的一本日记中看到的,才知道原来他们还做过这样一些事。通过学习雷锋,他还曾给自己制定了一个五好计划:“其主导思想是加强自我改造,在生活中将促进自己思想的革命化作为首要任务,在思想改造上有三条措施:学《毛选》、记红色日记、谈心得体会和总结思想。”在他的日记中经常看到他自我改造、反省自己的记述,以及学习《毛选》的心得体会。无论是读书期间还是工作期间,记日记的习惯他一直坚持着,后来走上工作岗位后,有时实在忙得抽不出时间,才有所间断。

在大学期间,乐岭的组织问题虽然没有得到解决,但这并没有让他灰心,就入党问题他经常写信争取二哥的帮助。二哥来信开导他:“不要把这件事当作自己的思想包袱,何时解决那是组织考虑的事。就像老师给小学生打分一样,批不批准你加入党组织那是党的事,做好自己该做的就好了。”乐岭非常信服哥哥对自己的教诲,彻底放下了思想包袱,在学习和工作上一如既往埋头苦干,为做一名合格的共产党员默默准备着。临近大学毕业时他还向班级党支部写了这样的汇报提纲:“1. 社会工作与学习的关系;2. 对待入党问题的看法与态度;3. ‘五反’运动以来对自我改造的体会;4. 教学改革问题所见。”后来当他读到 1964 年《中国青年》第 11 期刊登的题为《从娇姑娘到边疆建设兵》一文后,在其读后感中这样写道:“一个人应当冲破个人的小天地到最艰苦的环境中，用最艰苦的劳动创造自己的前途，只有这样才能使自己的生活充实，使自己的生命有意义。问题在于树立自我改造的决心，并把这种决心变成为自觉的行动。”正是在这种思想指导下，他正确处理了自己的毕业志愿问题。他是这样填写自己的毕业分配志愿的：第一志愿党的需要；第二志愿当一名光荣的解放军战士；第三志愿到边疆去；第四志愿当一名人民教师。毕业分配方案公布以后，结果有些出乎他的意料，他被山大留校当了一名人民教师。后来在谈到志愿的时候，他说给我听，其实也是教育他自己，他说：“我们都没有想到会从事教育事业，没有想到的事已经成为现实，这是党的需要，在这个时候我们所考虑的不是别的，应该是把曾经不愿干的工作干好。”他还说：“我们干好教育这一行并不容易，教育者必先受教育，不先受教育，决不能教育人，也教育不好所要受教育的人，这就逼着我们不得不进步，不得不学习。”由此可以看出，乐岭在毕业分配问题上是把党的需要放在首位的。

山大校园显忠诚

1965 年夏毕业后，乐岭被山东大学留在政治系党史教研室任教。乐岭说，他在等待分配工作的那段日子里，心里苦闷极了，整天泡在资料室里无目的地翻阅浏览一些报刊书目，心里充满惆怅，一种离开班集体的孤独，对新工作、新岗位的犹豫、陌生以及担心、害怕等情绪一直困扰着自己。后来由于师资紧张，教学任务重，系里就免除了乐岭作为毕业生要下乡锻炼一年的规定，派他去老校生物系跟随一位老教师做见习助教。当他明确任务后，就立刻排除了一切杂念，打起行李把家搬到了生物系学生宿舍。他一边和同学们同吃、同住、同学习、同劳动、一同接受再教育，一边认真履行见习助教的职责，摸清和掌握同学们堂课上存在的疑难问题。乐岭经过这段时间的课堂辅导工作，熟悉了一些党史课教学的环节和规律，积累了一些教学经验。教研室明确让他在 1966 年第二学期开始正式独立承担一段教学任务——担任“第二次国内革命战争”一章的主讲老师。为了更好地完成这段教学任务，1966 年整个寒假，他只在家待了一天，陪父母过了个春节便立即回到学校备课。当时宿舍里没有暖气，假期里食堂里又经常断炊，条件非常艰苦。为了集中更多的时间备课，他经常以馒头和咸菜充饥，也不愿耽误宝贵的时间。由于他认真充分的准备，这次讲课无论是教研室试讲，还是在课堂上都得到了好评。学生们认为，他的授课重点突出、条理清晰，能够理论联系实际，还不乏趣味性，其他听课的老师也高度评价了他的讲课效果。这似乎增强了他要当好一名教师的信心。

1966 年 5 月，在我们刚刚参加工作不到一年的时候，被称为“十年浩劫”的“文化大革命”就开始了。学校上课的时间越来越少，学习《毛选》和中央文件，搞“斗”“批”“改”的政治活动越来越多，直至后来就完全停下课来进行所谓“停课闹革命”。乐岭也决心积极投入到由毛泽东亲自发动的这场“文化大革命”的“洪流”中，并参与了所谓的“揭”“批”“改”活动。他曾在日记中描述了当时的心情：“山东大学同全国一样，无产阶级文化大革命的高潮正在兴起，革命、阶级斗争这几天都以极为形象生动的形式表现出来，其势真可谓如暴风骤雨，迅猛异常，使每个人深有‘一天等于二十年’之感。我们应以战斗的姿态投入到文化大革命的洪流中去，因为这是关系到党和国家命运的头等大事。”但是，随着运动的发展，山东大学校园里突然怪象丛生，一片混乱。一些老教师、老教授和专家权威被批斗，老校长、系主任被戴高帽游街，系里的一批党团骨干也都被“专政”和劳动改造等。这些情形让乐岭陷入苦苦的思索之中，对很多事情他想不明白。他曾在日记中记录了当时的彷徨心情：“这些天来由于运动的紧张，自己也便出现了一个非常时期。早操很久不上了，早饭经常不吃或吃不下，心里乱极了。”他困惑了，山东大学的“文革”既然搞得一团糟，出现了敌友混淆、黑白颠倒的局面，自己又无力驾驭和挽回这个局面，就只好以另一种形式参加到保卫党中央、捍卫毛泽东思想的运动中来。在这种情况下，他们组织了一支由八人组成的“赤卫队”小分队，决心“徒步重走长征路”。他们计划利用半年多的时间，行程 8000 多里路，经过大小 20 多个城市，一路接受革命传统教育、接受贫下中农再教育，一路学习和宣传毛泽东思想。正如他在日记中说的：“我们决心牢记毛主席的教导，去经群众的大风雨，去见群众斗争的大世面，向工农兵学习，向工农兵致敬！我们要用实际行动去宣传战无不胜的毛泽东思想，在千百万群众中播撒毛泽东思想的种子。”他们想以实际行动证明他们是无愧于毛泽东时代的青年人。出人意料的是，1967 年 1 月 8 日，他们刚到上海，学校就派人把他们召回，以他们是执行了“资产阶级反动路线”的罪名，强制他们回校劳动反省。这种有辱人格的非法举动使他们蒙受了一场不白之冤，也更给乐岭泼了一头冷水，令他更加陷入彷徨和思想斗争之中。特别是运动发展到后来，派性斗争愈演愈烈，从文斗发展到武斗，各地夺权、反夺权轮番上演，一直发展到“打倒一切”、全面内战。人们对运动的忍耐力超出了能够承受的限度，普遍盼望“文革”早一天结束，希望马上逃出“文化大革命”这场灾难。就在这个时候，乐岭也开始反省，他曾在日记中这样写道：“对于任何问题的思考都要去掉个人主义，问一个为什么，认清方向再行动，不然就会走偏方向，越走越远。”那段时间，他经过了痛苦的思想斗争，并开始独立思考一些问题，于是就慢慢静下心来，带着迷茫和困惑到书中去找答案，借机阅读了大学期间还没来得及读或没有读懂的一系列书籍，如马、恩、列、斯、毛等经典著作。特别是对《毛泽东选集》一至四卷，他反复阅读，并按章节、按专题做了大量的读书笔记，积累了成捆的读书卡片，字里行间布满了圈圈点点和眉批，尤其对毛泽东的哲学思想、军事思想和新民主主义理论力求全面系统地掌握。他经常感叹，这是他“文革”期间的偏得，也是那个非常时期最大的收获。

党的“九大”后，学校开始复课“闹革命”，乐岭作为党史专业任课老师和其他几位老师共同担任几届工农兵学员党史课的教学任务，在授课过程中他和这些工农兵学员结下了不解之缘。这些学员多数是各条战线上作出突出贡献的学习《毛选》的积极分子、劳动模范、优秀共产党员、老工人等，年龄跨度从二十几岁到三十几岁不等，例如环卫工人刘同珍，他能够跳入化粪池中帮别人捞出掉进去的手表，受到人们的称赞和尊重。1971 年，乐岭和第一届工农兵学员到枣庄铁道游击队的故乡、海阳县地雷战的故乡开门办学，接受革命传统教育。乐岭作为他们的班主任和专业任课老师，和他们同吃、同住、同劳动，同时也从他们身上学到许多在课本上学不到的东西。他一边上课，一边和学生们一起刨地、担土、收割、下矿井等，甚至到厨房帮厨，学会了蒸馒头、切土豆丝等厨艺。乐岭和他们建立了兄弟姐妹般的感情，赢得了他们的热爱和尊敬。1972 年，正是在这届工农兵学生的党支部里，乐岭被吸纳进党组织，迈进了党组织的大门。

1976 年“四人帮”倒台，“文化大革命”结束。《毛泽东选集》第五卷发表后，全国掀起了学习高潮。为了配合这个学习，乐岭被抽调到山东省委宣传部，参加编写关于《毛泽东选集》第五卷的辅导材料。这次任务尚未完成，他又被抽调到由省委宣传部牵头的写作小组，去撰写毛泽东关于社会主义理论的文章。这个写作小组的成员都是全省各地的有关专家和权威，当时乐岭是写作小组里最年轻的一位成员。他们以各厅局的名义分阶段、分专题地写出有分量的文章，在省内外各报章杂志上公开发表。在不到半年的时间内，乐岭曾经代表省轻工业局、卫生局和山大撰写出了数篇比较有分量的文章，发表在《文史哲》《大众日报》等报刊上。这段时间，由于时间紧、任务重，乐岭一直早出晚归，每天从家里骑行40多分钟的路程到山东省委党校，晚上常常加班至深夜才能回到家里。由于当时食品供应紧张，生活困难，乐岭这样超负荷运转，身体严重透支，最终病倒了。到医院抽血化验后，白细胞降到3000以下。从那以后，我就时常到离家不远的路口去等他，生怕他再昏倒在路边回不了家。

1977年夏，写作小组的工作还没有结束，省里又选派他到中央党校去学习。这是“文化大革命”结束后中央党校开办的第一期学习班，由全国各行各领域，如政治、经济、文化等各界的知名专家、学者进行授课，内容涉及各学科的最新研究成果。乐岭非常珍视这次求之不得的学习机会，在一年多的学习期间，他如饥似渴地汲取知识，进行了大量的阅读和理论研究，还做了一百万字之多的课堂笔记。回校后，他又对这些笔记做了细致的归类整理。这些课堂笔记记录了当时党中央的最新方针政策和各个领域的最前沿的理论研究成果，具有重要的史料价值。

1978年春，乐岭结束了在中央党校一年多的学习回到山大。不久，山东大学科学社会主义系成立，乐岭作为“三人”筹备领导小组的成员，立即投入到紧张繁重的筹备工作中去，同时还承担了中共党史教研室的教学和其他工作。在教学过程中，经过几年来的实践锻炼，他积累了一定的教学经验，又经过中央党校一段时间的学习，在理论方面有了进一步的充实和提高，加上他平时在教学上刻苦勤奋，备课认真，讲课时教学效果反映良好。学生们说，如果把他的讲课内容全部记录下来，就是一篇逻辑严密、文笔流畅的论文。在从容应对教学任务的同时，他也在科研方面做出了一定的成绩。在这段时间内，他主编了《中国近代史》（职工读本），参与编写了《科学社会主义》《中共党史简明词典》等著作，参与了《中国大百科全书》科社卷词条的起草工作，还发表了《论马克思关于社会主义社会的理论在中国的运用和发展》《新时期知识分子的光荣使命》《社会主义国家的对外政策》等文章。这段时间，乐岭还被评为“优秀教师”，并被选作在短期内晋升高级职称的重点人选。

当乐岭扑下身子准备在教学和科研上多做出些成绩时，他突然接到山大党委调他去宣传部工作的通知。这个调令使他陷入了两难境地，一方面是他热爱的科社理论和中共党史专业，另一方面又是组织的需要、党委的决定，他无法拒绝。最后，他只好放弃了个人的心愿和志趣，服从组织安排，立刻走上另一个陌生的工作岗位。山大党委宣传部是一个工作琐碎、繁重但人手缺少的部门，既要负责山东大学报社、校广播站的工作，又要负责学生毕业、新生入校、学校庆典等各种活动的组织和标语口号的制定和张贴，还负责学校和党委的一部分文字工作，但是这些繁杂琐碎的工作，关乎学校的形象，乐岭认为必须一丝不苟、事无巨细地把这项“喉舌”工作干好。

通过几年的努力，乐岭才理顺了那里的工作关系，使宣传部的工作有了新的起色。1986 年，教育部又任命他为山东大学党委副书记，除了分管原来党委宣传部的工作，还承担了武装部、学生部、团委等部门的工作，乐岭肩上的担子更重了。对这些部门的工作，每件事他都要亲临参与，如新生军训、《山东大学报》的出版，以及每年的全校运动会等，都要参加组织。特别是 1985 年冬，山东大学生物系八四级女生郭琳、吴平英等八位同学，由于受到老山前线驻守官兵英勇杀敌、保家卫国英雄事迹的感染，满怀崇敬之情，将绣有“战士在我心中”的锦旗寄往云南老山前线。她们的这一举动立即得到学校党团组织的支持和全校师生的热烈响应。接着，在这年春节期间，山大副校长乔幼梅和张乐岭带领八位女学生等人组团赴老山前线慰问。同时，山东大学在全校也开展了“战士在我心中”的活动。前方的战士也积极响应，立即在前线开展“祖国在我心中”活动。没想到这一“双心”活动，竟引发全国掀起了声势浩大的“军爱民、民拥军”的高潮。当山大慰问团归来时，受到了国家教委、团中央、中共山东省委等部门领导的接见。在座谈会上，各级领导纷纷发言，给这次“双心”活动以充分肯定和高度评价。接着，以这次事件为蓝本的电视教育专题片、书籍、报纸专项报道等教育资料纷纷制作、出版发行。这对在校大学生和广大青少年进行爱国主义教育，起到了良好的示范作用。

1995 年乐岭又兼任了山大常务副校长，在原来工作的基础上，兼管山大人事处、党政联合办公室等工作。在繁忙的工作中，乐岭始终没有丢下所热爱的专业和教学科研工作。他作为专业教师出身的学校干部，深知人才培养、梯队建设、知识结构的调整和更新对学校发展的重要性。当时山东大学科社系成立不久，这个领域的师资队伍不齐，科研人员相对缺少。当乐岭看到科社系师资配备不足、知识结构处于断层的情况时，他心急如焚，便和老主任们一起为科社系选拔人才而奔走，还经常挤出时间参与科社系的筹备等活动，后来还参与了这个系的学科建设和博士点的建设工作以及课程设置等。乐岭作为该系博士点梯队的成员之一，分担了博士生和硕士生的授课、培养等工作。在他的积极协助和努力下，教育部在山东大学国政学院成立了科学社会主义研究基地，乐岭担任了第一任主任。他还参与和组织了一些与本专业有关的学术组织和学术活动，担任山东省中共党史学会理事会副会长、毛泽东思想研究会副会长等职。在从事中共党史和科学社会主义理论的教学和研究工作中，他还先后承担和参与了国家教委和省校级的一些科研项目，主编或参与编写了《中国近代革命史》《科学社会主义》《当代中国的科学社会主义》和《毛泽东邓小平科学社会主义思想比较》等专著，发表了《把社会主义当科学看待》《毛泽东执政党建设》《论邓小平理论的科学体系》等十几篇学术论文，主持完成了省“八五”和国家“九五”《毛泽东与邓小平社会主义思想比较研究》等重点社科研究课题。他的这些成果虽然不算多么耀眼，但对国政学院的建设和发展却是十分必要的，没有他和一班人的共同努力，就没有国政学院的发展和壮大。

乐岭兼任山大常务副校长之后，政务工作更加繁重。当时乐岭早已年过半百，而三四十年书本知识的积累和几十年社会实践的磨炼，使乐岭的胸怀更加开阔、意志品质更加成熟坚强。他在总结几十年来所走过的路时，似乎少了些以往的幻想、天真和理想主义色彩，想问题更加客观、全面和符合实际。这时，他对人生价值的理解也就更为现实。他认为一个人活在世上，就是要踏踏实实做事，坦坦荡荡做人，不唯书、不唯上，要唯实。他常常动情地背诵保尔·柯察金的那句名言：“人最宝贵的是生命，生命对每个人只有一次。人的一生应当这样度过：每当他回首往事的时候，不会因虚度年华而悔恨，也不会因碌碌无为而羞愧；这样在他临死的时候，他就能够说：我已经把我的整个生命和全部精力，都献给了世界上最壮丽的事业——为解放全人类而斗争。”他欣赏这段话，也力图实践这段话。他是一步一个脚印走路的人，党和祖国需要他干什么，他就像一颗螺丝钉一样牢牢地拧在那里，把那里的工作干好。

乐岭在山大校园忙忙碌碌几十年，一边是他所钟爱的四年大学专攻的政治理论专业，一边是学校的一摊子党政事务。随着职务的调换和晋升，他肩上的担子越来越重，但他总是默默地、无怨无悔地承担着。他总觉得学校让自己承担这些工作是对自己的信任与委托，不能讨价还价，更不能拒绝，只能尽心尽力把它干好，不让学校上下失望，不能在山大师生面前丢脸。他一心扑在工作上，表现出常人难以具有的热情和毅力。白天他开会应酬，迎来送往，晚饭后和星期日就是他忙业务的最佳时间。他常常用这段时间来备课、上课或辅导博士生、硕士生的论文。但他并没有因为时间紧就仓促应付，降低质量。他把提高自己教学质量和增强学生科研能力视为头等重要的大事，从不放松。针对专业要求，他有空就去图书馆资料室查看图书资料，翻阅报刊文摘，及时了解有关学科科研领域的前沿动态。对于这些资料，他经过深思熟虑的思考，形成自己的观点，以便能够针对学生的论文提出有理有据、见解独到的意见。对党政工作中的讲话或报告，乐岭一般不愿让别人代劳，他认为这是件比给学生讲课还要严肃认真的事情。讲话或报告，一是要有报告人的切身感受，又要结合山大的实际，二是要符合上级的部署，这样才会有针对性和说服力，这是别人不能代替的。乐岭不得不花大量的时间去做这些工作。我经常看见他在自己的床头柜前一个狭窄的空间，一坐就是大半夜。如果稿子急用，他就来一个通宵达旦。一堂课、一次报告下来，如果自我感觉良好，也得到别人好评，他就显得很开心，忘了疲劳，谈笑风生；如果准备不充分，讲解不流畅，效果不佳，他就感到很懊恼、难过，但是无须多说，下次他会提前动手做更充分的准备。几十年来，他虽没做出什么显著的成绩，也没留下什么宏篇巨幅，但他做事认真，做人谨慎谦和、低调，是个说得少做得多的人。在工作中，他究竟遇到过多少困难，吃过多少苦头，付出过多大的艰辛和劳动，人生陈杂百味，就连乐岭自己也很难说清楚。

乐岭一生从事高等学校的教育工作，忠诚党的教育事业，还表现在他不仅能够踏实干好自己所承担的各项工作，还利用一切机会为教育献计献策，并提出了一些重要的教育思想。例如，他利用参加全国人大代表会议的机会，提出要在全校师生中进行为社会主义事业服务的教育观点，让正在成长中的学生树立“三百六十行，行行出状元”的思想，明白个人成才最终要靠自己的努力，要在社会主义建设中体现自己的人生价值。同时，也要在教师、干部中进行这样的教育，让办学者把握方向，明确思想，积极进取。他还提出要促进德育教育改革的思想，通过一系列措施，在办学中体现出不仅要重视文化知识教育，也要重视思想品德教育和纪律法制教育这一时代要求，尤其要重视品德教育。另外，乐岭还提出加强师德教育的思想等。他想以此引起人们关注教育、重视教育，让我们这个拥有13亿人口的国家由人口优势变为人才优势。此外，他还特别重视对学生的基础教育，在基础教育中培养学生的爱国主义思想和集体主义价值观，也就是树立为人民服务的思想。他强调大学生的基础教育和思想道德素质培养要制定一个明确的培养目标，要建立相应的考核体系，调动每一位任课教师结合实际教学，实施德育教育的自觉性和主动性；他还提出要充分认识对广大农村小学生实施基础教育的重要性，改变对农村小学教育投入不足的现象。总之，乐岭为了他所热爱的事业竭尽所能、尽心尽力。

古道热肠献真情

乐岭不仅在工作上有一种永远进取、一种追求完美的好作风，在与人交往和待人之道上，更是表现出一种谦和、诚恳、宽容的良好品格。他总是以“三人行，必有我师”的心态和别人相处。除了在日常生活和工作中，他在山大校内外、校内各院系、各学科也交下了众多他所尊重和敬仰的朋友，其中不乏青年朋友。他在做学问或工作中遇到问题时，就虚心地求教这些朋友。当然，乐岭为人正派、善解人意，待人诚恳的品质，也深得朋友和多数师生的认可。多少年来，在坚持原则的前提下，乐岭以各种形式，包括精神的、物质的，对校内外的同事、同学及其他亲朋好友及晚辈提供的帮助是不计其数的。当知道哪位同事或家人因病住院时，他就尽量抽出时间带上礼物亲临医院探望。若急用钱，他会不假思索地把仅有的存款取出送上，有时干脆把存折送上。乐岭认为这样做，本来就是“同事”“朋友”这两个词的应有之义。

类似的事情在素不相识的人身上，在特殊的情况下也时有发生。有一次，鲁西南某县的一个青年来济南打工，在途中，他的慢性阑尾炎突然急性发作，因无钱去医院救治，竟来投靠张乐岭。病人到来后，我们来不及多问，立刻送他去校医院打针用药，并用豆浆、牛奶等流质食物为他悉心调养，使其病情得以缓解。后经询问，才知道这个人叫李洋，他在老家听一个熟人说张乐岭是山大的领导，人很好，认识的人也多，向他求助，肯定会得到帮助。我们对这位素不相识的李洋像对自己的孩子一样照顾，这让他感动得痛哭流涕。后来病好回乡后，他还托人捎来一包棉花，以示酬谢。

还有一次，乐岭陪我到齐鲁医院看病，刚进医院就看到一个穿白大褂的女孩，站在一个角落抹眼泪。我们走向前，礼貌地问她为什么在这里哭泣，他看到是两位面带真诚的老人，便如实回答了我们。她说，她老家在湖北农村，刚刚中专毕业，是托人来齐鲁医院当实习生的，最近突然接到父亲病重的电报，要她速归。但她在实习期间没有工资，刚来这里很陌生，不好找别人去借。她一边说着，一边仍然为难地哭个不停。我们非常同情她，于是除留下挂号的费用外，将随身带的200元钱全交到女孩手上，才目送她离开。几年后，我们又去齐鲁医院时，这位女孩一眼就认出了我们，向我们提起资助她的那件事，对我们表示很感激。其实，类似的事情在我们教过的学生中也多有发生。

我和乐岭的老家均在农村，当时农村还很贫困，我们在济南安家后，两家的老亲少眷，包括亲戚的邻居、邻居的亲戚都曾来登门求助。有来济南看病需借宿几天的，有为了孩子升学请求指点的，有因婚丧嫁娶急需用钱的，我们大多能做到诚恳相待，有求必应，尽量做到让他们满意而归。因为我们是在农村长大的，深知农民的疾苦，我们的父辈同样遭遇过他们的这种窘状。当知道兄弟姐妹家的孩子遇到了升学、就业等困扰时，我们责无旁贷地视为自己孩子的问题，帮他们解决，甚至把他们接到我们的身边和我们一起生活，便于他们学习工作。孩子们在我们尽心帮助和他们自己的主观努力下，最终在人生的道路和生活上有了一个理想选择和归宿。尽管当时我们的孩子还小,在住房和供应上还并不富裕,但为他们分担一下困难,报答一下手足之情,也是感到欣慰的。我们做这些事情虽然没想过要得到别人的回报,有时甚至还是被动的,但当时我们所做的这些,就像为一棵耐不住干旱的小树苗浇了一瓢水、培了一把土一样,使它更加茁壮地成长起来,岂不十分欣慰,乐在其中?

应该提到,乐岭对人真诚、和善,乐于助人,但绝不是对谁都一团和气的。他在维护国家和学校的利益、严明学校的纪律方面是绝不含糊的。特别是对关系到大多数人的切身利益,诸如分房及各种福利等问题时,都要经过职代会,广泛发扬民主,让全校员工共同参与政策的制定,把细则交给群众,以便大家共同监督执行。他还要求领导干部以身作则,不搞特殊化,保证了山大这所新人剧增的百年老校顺利解决了长期存在的住房紧张这个老大难问题。这件事让乐岭进一步感受到,只要处处为多数人的利益、为公共利益着想,遇到任何问题都依靠群众,有事和群众商量,事情就好办多了。

乐岭在山大从事党政工作几十年,他严格自律、公私分明,凡是自己的亲朋好友来山大办事,甚至留下住几天,客人的食宿费用均由我们自己支付。乐岭经常在出差开会期间,去拜访、招待一些客人或朋友,但其招待费从不拿去报销,因为他不愿把公私混为一谈,搞出个糊涂账。

寸心反哺父母恩

俗话说"百善孝为先",乐岭老家距孔孟之乡曲阜仅一山之隔,敬老人、行孝道是家乡人民的传统美德。乐岭对父母的养育之恩是别有一番感受，也是他要加倍报答的。在大学毕业前夕我们的一次交谈中我知道了其中的原因。当时班里传着一则消息，说全国有几所名牌学校，如中国人民大学、复旦大学和中山大学在我们这届招收研究生。听到消息后，全班同学在刹那间着实振奋了一下。如果考上研究生，不但能继续深造，毕业后国家还会作为稀缺人才安排一个重要岗位，最差也会分配到名校任教，所以读研究生应是一个难得的机会，也是本科毕业生的理想选择。但是又听说招生名额极少，当时班里多数人都望而却步，自然把目光投到四年来学习成绩优良、年龄又小的乐岭和另一位同学身上。听说那位同学正在为报考做准备，但是在乐岭这里却毫无动静。我去问他为什么不准备，他冷静地说，他没有考研究生的打算，理由是家庭条件不允许。“父母年事已高，他们为我操劳多半生，我不能再拖累他们。”乐岭认为，父母在他身上付出的辛苦和操劳远远多于其他的子女。当乐岭来到这个世界时，父母已 40 多岁，因缺少母乳喂养，母亲一口饭一口汤将其喂养长大。在乐岭成长的过程中，他们对这个体弱多病的小儿子倍加呵护，尽量创造一切条件把他培养成才。说到动情之处，乐岭就止不住流泪，我想此时只有乐岭才能深刻地感受到父母亲的一份爱心。现在他已经大学毕业，首先想到的是不应该再让父母为自己操劳辛苦了。“时间不饶人，若去考研究生，等五年毕业后，父母都已年过古稀，到那时，他们就走不动、吃不动了，真的是子欲养而亲不待，我再来孝敬他们，一切不都晚了吗？那时我会痛心疾首，后悔莫及的。”

随着父母一天天衰老，乐岭对父母的牵挂和关心也与日俱增。在他毕业后尚未成家之前的几年，他除了买手表、衣服这样的大件外，每个月工资的近一半都寄回家。逢年过节，他还常回家探望，所带回的礼物大到皮衣、布料，小到食品、头巾、尖脚鞋袜，甚至父母的内衣裤等。因为他知道，父母不会买，也舍不得买。成家后，我们就经常接两处的父母亲到我们家小住些日子，帮他们查查身体，带他们逛逛景区。两家父亲先后去世后，我们生怕两位母亲孤单，干脆让他们搬来和我们同住。乐岭的母亲搬到我们身边后他才稍稍放心，这样对于母亲的照顾更加方便和细致入微了。平时他从不让老人干那些刷锅、洗碗、洗衣服的脏活累活，只是做些力所能及的，缝缝补补。他生怕母亲偷着干活，就在上班前把要刷的锅碗刷完，要洗的脏衣服统统收起来，藏到床底下。他常叮嘱我说："母亲上了年纪，腿脚不方便，摔一跤就麻烦了，有些活我们自己多辛苦点就做了。"即使很忙，他也时刻把母亲放在心上。1986 年春节，他去老山前线慰问时，还不忘给母亲带回一个用自己在前线捡回的炮弹壳做成的漂亮手杖，作为送给母亲 83 岁生日的礼物。

随着年龄的增长，母亲的头发也脱落得越来越稀少，老人不同意剪短发，每次刚挽起发髻来头发就滑落下来，显得很不整齐，乐岭就想到让母亲用橡皮筋作发绳帮她梳头。母亲老观念较重，像梳头、洗脚这样的事情不愿麻烦别人，乐岭就会耐心地讲道理给她听，打消她的思想顾虑。但是为母亲修脚实在不是一件轻而易举的事，因为母亲从小裹脚，五个脚趾头早已被生生地压在脚板底下，脚趾甲又厚又硬，每次修脚都要由两个人一起动手才行。首先要让老人坐在床沿上，专门有一个人托着后背，防止歪倒，这活通常是我干。乐岭只能蹲着或坐在地板上，手里拿着割脚刀和小锉，把又厚又硬的指甲一点一点往下刻。每当看到乐岭修脚时那种全神贯注和小心翼翼，有时还会大汗淋漓，湿透衣服的情形时，我和母亲就会情不自禁流出眼泪。乐岭往往会装作不懂似的调侃一句："唉，你们哭什么？修修脚不好吗？不好我就不干了!”大家便会心地笑起来。

随着母亲年龄越来越大，我们更加关心她的饮食和营养，考虑到她的牙齿不好，乐岭就经常提醒把菜切得碎一些，煮得烂一点。有时感到菜量不够多，或有哪种更适合老人吃的菜，我们就会给她多另盛一些，以保证她细嚼慢咽，用好每一顿饭。在我们的精心照料下，母亲的身体状况一直很好。95 岁那年，我们请来医生检查母亲的身体状况，结论是心肺功能良好、血压正常。我们和老家的儿女们听到这个消息，都奔走相告，满心欢喜。以为我们这个家族世代相传，到了我们这一代，将亲身经历一位百岁老人的出现，这是多么值得高兴的事啊！到时候我们一定热热闹闹庆祝一番。中国有句古话叫“天有不测风云”，在母亲 96 岁那年，正看着电视的她却一觉不醒永远地离开了我们。我们把她送到医院用尽一切抢救措施都再也没能唤醒她，眼睁睁看着这位慈祥的老人走完了她辛苦漫长的一生。乐岭流着眼泪自言自语：“百般挽留，你还是提前走了，而且走得那么匆忙，那么出人意料，都没有在病床上让儿女们伺候一天。她一辈子不愿麻烦别人，这一次仍然是这样。”乐岭用了整整一个晚上为他的父母亲起草了一篇碑文，碑文全文如下：

双亲德泽颂

父母高风　光明坦荡　勤劳简朴　艰辛备尝　深耕易耨　持家有方

急公好义　爱国爱乡　和睦邻里　谦谨慈祥　严律儿女　自立自强

齿德俱尊　誉满山庄　宏恩好德　永誌不忘　清操亮节　吾辈弘扬

时代承传　溢馨流芳

整篇碑文表达了一个儿子对父母的赞扬和热爱，也向世人说明只有孝顺的儿女才能真正懂父母，也只有真正懂得父母的儿女才算是真正孝顺父母。

送走母亲后，乐岭仍记挂着家中唯一健在的一位老人——年过七旬的大嫂。俗话说：老嫂比母。正是这位年迈的大嫂，视乐岭为己出，几十年如一日帮着母亲把乐岭抚养成人。乐岭常常在百忙中抽出时间回老家看望，为父母扫墓，也为大嫂送些钱物，让她老人家安度晚年。令人难以预料的是，后来乐岭竟然病在大嫂的前面。不久，年过八旬的大嫂也病倒了。嫂弟如生前有约一样，竟先后西去。

乐岭不仅对他的父母和兄嫂百般照顾，就是对我家的父母和兄嫂也是赤诚相待，一视同仁。1978 年，我的父亲久病不治去世以后，哥哥一家远在太原，年过 70 岁的母亲孤单一人在老家，生活难以为继，乐岭主动提出把母亲接来济南和我们同住。为把她的户口迁来济南，乐岭多次往返于济南、单县之间，好不容易把繁琐的手续办理完毕，才把母亲接来我处。当时母亲身体尚好，她又是个闲不住的人，就主动把买菜、做饭、洗衣、照顾两个孩子等大部分家务承担下来。这样，就把我从一大堆家务中解脱出来，当时正是党的十一届三中全会开过不久，国家各项事业都有了发展，教育事业也不例外，我便趁机决定去中国人民大学党史专业进修半年。当然，这次离家我也是经过了激烈的思想斗争的，母亲刚来这里不久，对这里的情况还不熟悉，加上老人遇事总爱指指点点、问东问西，而乐岭干起事来又很专注，担心他会忽略和冒犯了老人，如果他们开始处不好就会影响以后的家庭关系。我也曾担心这次去学习也许是个错误决定。学习一结束，我就急忙往家赶，母亲见我回来又惊又喜，急忙拿出一大堆乐岭平时给她买的点心、水果等让我吃，并对乐岭赞不绝口，说他如何勤快能干，平时工作这么忙还不忘关心她。母亲见他身体瘦弱，工作又忙，也经常在早起时特意为他准备一些早餐，如鸡蛋羹之类。我看到乐岭对我母亲就像对待他自己的母亲一样孝敬，他俩相处得这么好，是我没有想到的。这样我就完全没有了后顾之忧，一心一意扑在工作上。当时我们正值 40 岁左右，乐岭由山大宣传部副部长升为部长，我也由党史教研室主任提为系副主任。两个孩子在学校表现尚好，这是我们家庭生活中难得的一段轻松时光。

但是好景不长，1985 年刚过春节，舅舅从老家赶来说，老家院子里那棵老槐树被别人刨走了。据说这棵老槐树是母亲一手栽培的，树龄几乎和我一般大。在母亲精心管理下，它长得遮天蔽日、枝叶茂盛，盛夏时节是遮风挡雨、纳凉避暑的好地方。母亲听说后很生气，非要回去处理这件事情。由于老家的生活条件艰苦，加上年老体弱，母亲回去不久就病倒了。我和乐岭追悔莫及，放下一切，立刻把母亲接回了济南，下决心要把母亲的病治好。为了确诊母亲的病情，乐岭背着她楼上楼下，跑遍济南各大医院，最后确诊为胸腔积水。当时医院因老人年纪大、身体弱，拒绝收留，我们只好把母亲接回家，按大夫处方用药，维持现状。为了让母亲能有个舒适的休息环境，我们给她安排了一间较大的房间，请校医院的医生和另一位胸科医院的赵云玲大夫给母亲打针用药，为了退烧止痛、缓解病状，在不到一年的时间内共注射了 180 多瓶葡萄糖注射液。我们白天黑夜地尽心调养、轮流护理，乐岭下班回来后也经常给母亲喂水喂饭、煎汤熬药。就这样，母亲在病床上躺了近一年之久，最后还是离开了我们。我们和哥哥两家人将母亲骨灰护送回老家安葬，并立碑修坟妥善安排了后事。

风雨相伴并肩行

我和乐岭自大学时代相识。随着岁月的流逝，我越来越为他的品德和人格魅力所吸引、所感染，他的音容笑貌永远铭刻在我的心里。常言道："人生得一知己足矣！"在我的一生中有幸和乐岭成为同学、朋友和知己，并最终走到一起，成为终身伴侣，是我一生的幸运！

大学毕业后，乐岭留在山大政治系中共党史教研室任教，我被分配到哈尔滨外国语学校任教。没想到当时高等学校政治理论教师青黄不接，极其缺少。我到了这个新单位后，就被破例免除毕业生下乡锻炼一年的规定，刚一开学就立刻被推上讲台。乐岭在山大则跟着一位老教师上中共党史的辅导课。第二学期，他就开始讲课，内容是"第二次国内革命战争"。由于他基础较好，准备较充分，经过教研室试讲和各位老师指点，效果不错，他便很容易地闯过了第一关。但我在新单位却经历了一番挫折。当时我的任务是讲授大二的《毛泽东著作选读》，具体内容是讲毛泽东的《实践论》《矛盾论》等哲学著作。由于时间紧、要求高，又缺少参考资料，我跑遍了哈尔滨市各新华书店，并把大学里的有关教科书和课堂笔记翻了个遍，也没有找到多少有价值的参考资料，这下可难坏了我这个极为要强的人。面对这种情况，我感到压力很大，难以胜任，情绪有些波动，就把这些情况写信如实告诉了乐岭。乐岭感到很吃惊，他回信说，很难想象这些话出自你的口。他也理解刚刚参加工作，万事开头难，但出现一些问题就败下阵来，打退堂鼓是不可取的。他很严厉地写道："毛泽东哲学著作是难啃一些，但这些文章是毛泽东同志在抗日战争的紧要关头，应党中央要求，为抗日大学培训班所写的讲稿。主席在百忙中抽出宝贵时间，为了培养抗日的中坚力量，研读了大量西方哲学，特别是马克思主义哲学著作，在总结了中国革命实践经验的基础上写成的一份讲义……你没讲好，说明以前没下到功夫，吃苦不够，我认为两篇著作必须学好。”乐岭还在来信中说：“我们政治教师可不是一般的教书匠，而是站在人民给的讲台上，讲授宣传马克思主义理论的战士，应该以一个战士的姿态，带着强烈的感情去授课。这个姿态是装不出来的，只能在一个有高度政治觉悟和理论修养，又有较强的业务能力的人身上体现出来。”他进一步鼓励我：“安心教学工作，服从分配，这是党对党员的基本要求。再就是我们从事的《毛选》教学正好可以和目前全民学《毛选》的热潮结合起来，而且我们俩共同从事教育工作，可以并肩挑战这项新任务，难道我们不应该感到庆幸，不觉得是一件手握胜算的事情吗？”乐岭为帮我闯过教学难关，把自己手头上已有的有关主席的哲学著作重新反复阅读，并做了读后感和笔记。他还几经周折，借来了一篇艾思奇关于毛泽东思想的讲话稿。艾思奇是一位专门研究马克思主义、毛泽东哲学思想的理论家。稿子很长，乐岭连抄了几天几夜，把上述材料连同他的心得体会一并寄给我。我为这种雪中送炭的行为，为这种无私和真诚深深感动！我没有理由再退缩和犹豫，开始冷静下来。资料丰富后，备课就充分了，随之我也就有了信心和勇气。从此，那种讲课慌神的毛病也为之一扫，效果大为改观。这件事使我认识到，原来理论课教学也有苦有乐，充满感情和趣味；也让我感到，今后要做好任何一件事情都要争取乐岭的帮助。为此，我很感激他。

我和乐岭相距数千里，以书信往来相互鞭策，相互切磋，既有孤独、寂寞、思念之苦，也有好儿女志在四方的豪情壮志。我们相互承诺，要先立业后成家。我决心在教学岗位上先干三五年，有假期也不回家，干出一番成绩，再回去见乐岭，见山东父老。乐岭承诺要在又红又专的道路上迈出更大的步伐，接受更严峻的考验，争取解决入党问题，因为这是他大学阶段留下的一个遗憾。但是在我们刚刚踏上工作岗位立足未稳之时，“文化大革命”就迅猛袭来，使人始料不及，无法躲挡。刚开始，我们也抱着一颗虔诚的心积极投入到保卫党中央、毛主席的战斗行列，加入“赤卫队”，参与“斗、批、改”。后来随着事态的发展，我们逐步认识到不能迷信和盲从，应该面对事实，相信真理，相信自己的良知。我们开始反思：解放战争仅用了三年就推翻了整个蒋家王朝；抗日战争那样艰苦，用了八年时间赶走了日本侵略者；“文化大革命”搞了这么长时间，却有头无尾，没完没了。说什么“大乱达到大治”“七八年就得来一次”，一次来七八年还不能结束，这是什么逻辑啊？我们实在厌倦了、疲劳了。群众中真正坚定的“革命者”越来越少，运动出现了严重分化，出现了保守派、造反派和逍遥派，而躲避运动、躲避开会，学木工、学缝纫、织毛衣的人越来越多。后来形势有所好转，我们盼来了复课“闹革命”。第一届工农兵学员进大学，学校需要教师，我们这些“臭老九”开始有了用武之地，我也随之调到驻地在曲阜的山东大学马列主义教研室党史组。

1972年年初，我调来山大后，由于我的业务生、家务重，很多事都是靠着乐岭的帮助才渡过了一道道难关。“文革”前我只是零碎讲过一部分毛泽东著作课，完整系统而且是大课堂讲中共党史课还是第一次。这次任务是我给外文系从头至尾讲这门课，开始几周的课程都要经过教研室试讲。当时我们刚来曲阜，身边还带着两个孩子，大的只有两岁，小的还不到两个月。乐岭首先意识到问题的严重性，担心时间紧、备课不充分影响了讲课效果，这样既误人子弟，也难下讲台，别人怎么评说啊？这件事关乎我们两个人的声誉！于是乐岭就替我找来一大摞参考资料，又不愿意一股脑摊给我看，怕我太累休息不好，影响孩子喂奶。他便利用茶余饭后的时间迅速看完材料，找出重点，列出提纲，供我参考，这样就可以让我省些力气。我体会到他的良苦用心，下决心接受以前的教训，早作准备争取初战告捷。为了让乐岭为我少操心，我便趁他睡着或去上班的时间抓紧备课，狠下功夫，然后拿出成熟的讲稿与他讨论，这使他喜出望外。

为了让我备好课，顺利完成讲课任务，他还帮我分担了大部分家务。当时住房紧张，我们一家老少三代五口人，和单身男教师同住在学校东南边的筒子楼里。大约十多平米的空间，要放大小两张床一张桌子，冬天还要放一个炉子，供做饭和取暖用。一到冬天或天气不好，炉子还有一个重要用途，就是为孩子烤尿布。当时“文革”还未结束，我们的工资一直是刚毕业时所定的标准，每月只有 43.5 元，除了托儿费、医药费、基本的生活开销外所剩无几。有时为了省几张煤票就在校园捡点干树枝，有时为了省点口粮还要牺牲休息时间自己生火做饭吃。这时，乐岭当年跟同学下乡时学的一套做饭手艺就会派上用场，蒸馒头、包饺子、擀面条他样样都会，还练就了一番熟练的刀工，土豆丝切得又细又匀，这些几乎成了他的“专利”。再就是，自己做饭吃最怕自己家蜂窝煤炉子突然熄火，因为重新生火是一个难题。每次重新生火，都要用柔软的干柴和细树枝做底火，这些东西开始点燃时会生出很多烟来，一时排不出去就会搞得整个楼道里浓烟滚滚，接着就会传出一片咳嗽声和埋怨声。这时，乐岭就会跑出去挨门挨户地连声说“对不起”，写在一家人脸上的除了“尴尬”二字还能有什么呢？

乐岭除了买菜做饭外，还常常把看孩子的活揽在自己身上。当时出现的那些狼狈相，至今想起来还会让人哭笑不得。乐岭为了能让备课、家务两不误，他常把孩子放在椅子上，然后再设法用一根带子把椅子背绑在自己身上，这样孩子就会牢牢夹在椅子和大人的中间，他就会感觉比躺着舒服，大体能安静一会儿。但时间长了，孩子就会闹个不停，乐岭为了控制局面，就前后不停晃动着，一边看着讲稿一边还哼着催眠曲。

1975年，山东大学从曲阜搬到济南，我们的负担更重了。我家住在山大新校南院，而我们的教研室办公地点和我上课的两个课堂都在老校。当时“文化大革命”刚刚结束，除了上课再加上各种活动和会议，几乎天天都要跑老校，有时一天去两次。当时家务很重，因为两家的父亲先后去世，我们就把上了年纪的两位母亲接到我们这里予以照顾。两位老人同住在7平方米的房间里，两张床中间相距不足半米远。乐岭怕她们不适应、不习惯，就常常陪他们聊聊家常、说说话，活跃一下气氛，也让他们尽快适应这里的生活。经过他的耐心调解，原本相互生分客套的两位老人关系渐渐变得融洽和睦。她们经常取长补短，帮助我们干些力所能及的家务。奶奶常常戴着老花镜坐在床沿上，为一家老小缝缝补补；姥姥也能为我们做些简单的饭菜。孩子们也分工明确，女孩负责刷锅、刷碗，男孩负责扫地、倒垃圾。尽管当时经济困难，住房紧张，但一家老小六口住在一起，日子过得有声有色、其乐融融。乐岭常感叹：“苦点累点不算什么，居家老少相安无事，这就是幸福，这就使我们满足。”我和乐岭珍惜着我们共同营造的这种幸福和满足，深知为此所付出的代价和艰辛。平时我们相互尊敬、相互谦让，关心对方胜过关心自己，从没有为经济、老人或者家务发生过争吵。有时虽然也会为争时间或者教育孩子的方式发生分歧，但双方也尽量避免用过激的语言去伤害对方，因为那样会更让你因小失大，最后就更难收场。

平时乐岭不怕累不怕苦，就算业务、家务一起忙他都没有任何怨言，但他唯独怕我生病。他认为，如果我停下了脚步，这个家就乱套了。他知道我是一个平时不知道照顾自己、干起活来舍得拼命的人，时常提醒我注意身体，注意营养。我四十几岁就患上了高血压、高血脂之类的老年病，并且我的家族又有这方面的遗传基因，为此乐岭很是为我担心。他经常嘱咐孩子们不要惹我生气，甚至不让孩子们在房间里吵闹，有时也会为我平时少吃水果而生气。记得有一次他去烟台开会，突然在深夜12点给我打来电话。他很激动地对我说，他见到了多年未见、德高望重的何宝冀老师。何老师原来是个高血压老病号，年过八十身体依然很好。他特别告诉我说，只要特别注意，高血压等"三高"的毛病用吃药的办法是可以控制的，患这种病的人也是可以长寿的。我听了以后，只是淡淡地回了他一句："夜深了，你也快睡觉吧！"此时他在想什么，我在他心里的分量，只有我自己知道。在以后的岁月中，乐岭从没有因肩上的担子越来越重而减少对家庭的关爱。记得"文革"后，乐岭赴中央党校进行了为期一年多的学习，他在听课、整资料和大量理论研究工作十分忙碌的情况下，还不忘关心一家老小。他三天两头写信：询问老人的健康状况；要求刚上学的女儿要把字写正规，不然就不好改了；要我注意即将上小学的儿子，把幼儿园和小学的知识衔接好，以防泄劲；嘱咐我千万注意健康，不要太忽视自己，备课看书时注意把头抬高些，不要让头发触到纸上；要我在桌子前不要坐太久，可以到教学楼前的柏树路上走一走，柏树释放氧气，有益健康……

2000 年，我从教师岗位上退休，乐岭也因山大合校不再担任校领导职务，但按规定他还没有退休。教育部又任命他为联络员，经常以教育部的名义组成工作组，到一些大学去调研、搞“三讲”或参加一些会议等。同时，他还在省政协兼了一些工作。空闲的时间有时还要修改以前没有完成的几篇文稿，还想练练书法等。这时家中老人们已经相继去世，孩子也都出去独立生活。这段时间相对比较清闲，乐岭担心我退休后待在家里会感到寂寞，就主动办理了去餐厅吃饭的饭卡，去书店的购书卡，还买了保龄球卡，以便陪我走出家门，让我散心解闷。他还不止一次地向我承诺，他总觉着他这一生亏欠我太多，退休后一定偿还。我们首先要在国内转几个地方，去云南丽江看一看多姿多彩的古建筑群，去三亚看一看碧水连天、深邃宽阔的大海，再去重游一次松花江，在美丽的太阳岛住些日子，好好补一补二人世界的缺憾。

乐岭的打算像梦境一般，但天有不测风云，我们的梦境被一张化验单打破了。2004 年春季查体时，我被查出患有乳腺恶性肿瘤，必须立即做切除手术。我已是这把年纪，患上这种病实在是雪上加霜。不做手术就等于判了死刑，做手术就要全麻，这对患有心脏病、高血糖的病人来说，也有极大的风险。乐岭听完大夫的这些介绍后，一下惊呆了。他感到六神无主，一句话也说不出来。我知道他的心很痛，宽慰他说：“我不会匆匆走掉的，我相信两位大夫的医术，会帮我渡过这个难关，只是需要你好好照顾我一段时间。”他听了我的话，似乎有了些信心，急忙点点头。结果手术很成功，术后他便一步不离地照顾了我两个月。在我住院的那些日子里，他每天早起晚归，跑前跑后，不让孩子们代替一下，人也消瘦了许多。但他见我一天天恢复起来，总算放下心来，脸上也露出了笑容。

但祸不单行，就在我出院不久，还在康复中，乐岭就出现了失眠、四肢无力、少言寡语等症状。当那个朝气蓬勃、精力充沛的乐岭终于有一天躺在了病床上时，我和全家焦急万分。我拖着大病初愈，还很虚弱的病体和孩子们一起四处求医问药，跑遍了泉城大小医院。后来，又奔走北京几家著名医院，竟然没找到一位可以让乐岭病情好转的医生，反而越来越重，最终他在病床上整整躺了五年。2011 年 10 月 19 日，乐岭离我们而去。我们五年的呕心沥血终成泡影，我千呼万唤，他竟没有一句回应。乐岭的离去，顿时让我失去了灵魂，一下子抽去了我生命的支点，我茫然不知所措。在办理丧事的那些日子里，我再次病倒了。孩子们把我送进了医院，我没能对前来吊唁的亲朋好友表示感谢，也没能给乐岭作最后一次送别，至今在我心里留有一个遗憾，一份歉意。

著名诗人臧克家有一句话："有的人活着，他已经死了；有的人死了，他还活着。"乐岭虽已离去三年，但他并未走远，他的音容笑貌仍然时常闪现在我的眼前：时而看到他下班后快步如飞往家赶的情形，脸上永远带着一丝歉意，认为自己又回来晚了；时而又看到他伏案疾书，认真准备讲话稿的背影。当我在电脑前就座时，仿佛听到他"又忘了你的高血压了"的提醒声。在我的感觉里，他没有走，永远都不会走，他就在我身边，陪伴着我，还是那样忙碌着……我总是在房间悄悄做事，害怕弄出声音打扰他的思考或睡眠。总之，他的身影永远刻在了我的记忆里，难以忘却，难以抹去。乐岭的精神、乐岭的品格、乐岭的音容笑貌永在！

纪念父亲*

——写在父亲三周年祭日

张晖　张昕

今年 10 月 19 日是父亲三周年忌日，这一天也是全家人最悲痛的日子。想起父亲病逝前后那些让人备受煎熬的日日夜夜，至今令人悲痛万分。

父亲生病时才六十几岁，平时看起来一直很健康。他面颊红润，身姿挺拔，动作敏健，走起路来快步如飞。当时他已卸掉了学校主要领导的担子，但还没有退休，仍然整天忙忙碌碌，干劲十足，母亲还开玩笑说："你这卸任比在任还忙啊。"当时父亲经常参加国家教委和省政协及学校组织的一些社会活动，另外还担着一部分科研任务。2006 年春天他突然感到身体不适，紧接着又开始出现行动不便的症状。我们辗转省城、京城几家医院诊治，又专程请来有关方面专家会诊，依然没有遏制父亲病情的恶化。2007 年春夏之交，父亲最终深度昏迷在了齐鲁医院的病床上，再也没有醒来……

父亲的辞世，给我们这个家庭一个重重的打击，母亲本来体弱多病，

---

* 本文由张昕执笔。

当时还正在一年前大手术后的恢复中，我们姐弟俩也都刚进而立之年，生活、工作立足未稳，孩子小，负担重。在这种情况下，父亲过早地离去，实在让我们难以承受，使人痛感人生的无常、风雨难测。我们姐弟俩常常被一种极端愧疚、无奈、无助孤独的情绪所困扰、纠结，我们也曾一度陷入深深的消沉之中。这就使我们更加怀念父亲，觉得父亲并没有远离我们。他的身影、音容笑貌时常浮现在我们的眼前。经过一段时间的煎熬，最终还是父亲那乐观向上的生活态度，鼓励我们振作起来，像他那样面对困难，热爱生活，坚强地活下去。

从外表看，父亲相貌平凡，没有过人的天赋，但在儿女眼里，他是一位很有人格魅力的父亲。无论在做人还是在治学方面都是令人折服的。父亲出生在泰安徂徕山下一个普通的农民家庭，小时候在家乡顺利读完了小学、中学。听老家的伯伯们说，父亲从小就是个德智体全面发展的好学生，在班里别看他个头小，可他的学习成绩从来都是名列前茅。由于在中小学阶段打下了良好的基础，所以后来他能顺利地考上山东大学继续深造。大学毕业后，他又以优异的学习成绩和出色的表现毕业留校任教，并最终以他的人格魅力和出色的才华一步一步被推选到山东大学的主要领导岗位。父亲做人低调，谦虚内敛，待人和蔼可亲，真诚自然。处事又不随波逐流，有原则、有担当。每到一个新岗位，他都能忠于职守，干一行爱一行，常以一种踏实认真、执着专一、周密严谨的学风和吃苦耐劳、任劳任怨的精神打开局面，取得显著成绩，赢得众人赞誉。父亲在山东大学参与组织宣传的“战士在我心中”活动，在全国掀起了“拥军爱民”的热潮，老山前线留下了他慰问官兵的身影；在全国人民代表大会上他为教育事业献计献策，大胆建言；他多次被评为好党员、好干部，两次出席全国优秀党务工作者表彰大会。

父亲在儿女眼里是高大完美的。他不仅对工作忠于职守，在家对老人和孩子也关怀备至，尽心尽力。父亲常说“百善孝为先”，一个人如果对自己的父母都不孝敬回报，何谈报效国家和社会？为了让辛苦一生的奶奶、姥姥能过上舒心的晚年生活，父亲把他们从比较艰苦的农村接来济南和我们同住。当时正处于物资匮乏的上世纪70年代，生活条件尚不宽裕，在繁忙的工作之余，父亲仍然尽心照顾二位老人，端汤喂饭，洗衣洗脚，从楼上背上背下，陪老人散步看电影。父亲对奶奶、姥姥悉心照顾的画面比比皆是，让我们终生难忘。尽管如此，后来父亲还时常念叨，为没能让老人吃到更好的饭菜、住上更好的房子而遗憾和愧疚。

父亲对自己的一双儿女更是疼爱有加。父亲宽厚的肩膀让我们感到特别温暖亲切，小时候一有时间我们就吵着要在父亲的肩膀上坐一会、转两圈，才肯罢休。最令人难忘的是，每当父亲下班后，把我们俩从幼儿园接回来，我们就让爸爸骑上他的自行车，一前一后带着我们围着山大校园飞快地转几圈才肯回家，那往往是我们最开心的时刻。再长大一些后，父亲为了对我们进行启蒙教育，开发我们的智力，花费了不少心思。听爸爸讲故事是我们最感兴趣的一件事，我们姐弟俩经常在父亲的故事声中进入梦乡。在这些故事中，有中国古典优秀名著《三国演义》《水浒传》《西游记》，有舍生忘死把青春和生命献给祖国的时代英雄，还有苏俄优秀经典名著和卫国战争时期的英雄事迹，讲保尔·柯察金怎样在血与火的考验中练就了他的钢铁意志，讲卓娅和舒拉姐弟俩像害怕火一样怕说谎话和大话，像小鸟爱护自己的羽毛一样爱护自己的人格，珍惜自己的荣誉。

在对我们启蒙教育中，他也注意对我们进行个人情趣的培养。例如，从读小学时，儿子就喜欢上了集邮。但集邮是需要花钱的，当时儿子只是一个身无分文的小学生，怕父母担心集邮影响学习，反对集邮，更不敢向父母要钱集邮。因此，只能用一些旧邮票换来换去，费了好大的劲收存的邮票，无论在数量上还是档次上都难以提高。这件事儿子担心家长发现，一直秘密进行，没想到父亲发现后，不但没有反对，还表示赞赏支持，并从每月几十元的工资里拿出固定的钱数，找到一位大学生哥哥，请他定期帮儿子购买邮票。爸爸认为，集邮对孩子扩大知识面，提高欣赏能力大有好处。这对儿子后来从事书画收藏工作不能不是一种启发吧！父亲为我们所做的这些事，无不表达着一个父亲对儿女健康成长的良苦用心，它寄托着一个父亲的殷切期望。

父亲和大多数父母一样，望子成龙、望女成凤。初中毕业后，父母就将儿子送到教学质量较好的青州一中就读。一方面让孩子感受艰苦的生活环境，学习农村孩子的吃苦精神，另一方面也希望自己的孩子学有所成，将来能够顺利升入一所知名大学深造，然后考研、读博，走一条多数人想走的常规升学成才之路。父亲第一次送儿子去青州上学的那一情景，至今仍然历历在目。在青州火车站分别的那一刻，父子俩都有些恋恋不舍。父亲看着儿子，站了很久很久，随后父亲掏出一个粉红色的日记本送给儿子，儿子双手接过来一看，扉页上是一段熟悉的清秀而工整的小楷，内容是父亲喜欢背诵的一段孟子名言："天将降大任于斯人也，必先苦其心志，劳其筋骨，饿其体肤，空乏其身……"后来，父亲给孙子起名为"大任"也包含了这句话的寓意。父亲还经常说："这两个孩子脑瓜好使，基础也不错，将来是个读书的材料。只要肯用功，将来一定比我们强。"他要求我们趁青春年少的大好时光发奋读书，打好基础。这都寄托着父亲对子孙后代的殷切期望，希望他们不畏艰辛、自强不息，成为国家的栋梁之材。

对于父亲的期望和引导，我们是能够理解，也是接受的。听话的姐姐如父母所愿考进了山大，儿子却心生抵触，幻想着另走一条捷径。当姐姐考进山大后，父母对儿子的期望值更高了，不断强调高中阶段的重要性和紧迫性。家庭和学校的双重督促，紧张的学习升学压力像一块大石头压得儿子喘不过气来。当时儿子正处于青春叛逆阶段，对整个人生还懵懵懂懂，心里充满了矛盾：一方面敬重父亲，认为父亲在事业和做人上是榜样，他的希望和要求是正确的；另一方面脑子里又闪出不以为然的念头，认为梁山好汉、“三国”英雄，特别是一大批新中国的开国元勋，他们这些盖世英才哪一个是坐在书斋成就的？读书再好，也不过是像父母一样读书、教书、写书，一辈子过着清苦单调的生活。他们所走的这条路很难让儿子沿袭下去。再说人各有志，世界上需要各行各业的人才，每个人就应该有按照自己的兴趣、特长来选择自己职业的权利。当时儿子就以个人兴趣为借口陶醉于各种球类、棋类的游乐当中，耗费了大量时间和精力，耽误了读书的大好时光。现在回忆起来儿子真是后悔莫及，也痛心不已。父亲的开明、可贵之处在于，他尽管再三强调知识对人一生成长的作用，但并没有专横地代替孩子选择道路，最终尊重了儿子的自主选择。在儿子放弃铁饭碗，辞掉政府机关的工作时，父亲支持儿子最终选择了一条从事字画艺术研究与经商相结合的个人创业之路。当父亲看着儿子走上这条路，并且事业刚有一点起色时，儿子就看到了父亲首肯的笑容和赞许的目光。

在儿女成长的过程中，我们也明显地感觉到父亲对儿女的态度也发生着微妙的变化。小时候，父亲对孩子多以说教启发为主，教育我们从小学好知识、学好做人；工作以后，他渐渐地开始与我们商讨一些事，遇事总想坐下来倾听我们的意见；再到后来，家里的大事他都要求我们来参与，让我们拿主意。这并不是父亲遇事推诿或缺乏主见，而是他对我们成长、成熟的认可。父亲可能不知道，他这样做给了我们莫大的精神鼓励和心理上的满足！自然我们有什么计划或者想法也愿意和父亲商讨交流，父亲并不墨守成规，他是与时俱进的，只要是合理合法的事他都会支持。

父母在一天天老去，对我们的依赖也会越来越多。本来我们打算，等我们生活逐渐稳定、事业走上正轨，我们就能够多抽些时间陪陪父母，待再有一定的积累后，就在海边为他们置办一套大房子，让喜欢大自然尤其喜欢大海的父亲在房间里面吟诵曹孟德的诗句，看潮起潮落、云卷云舒……我们还一直都在想着如何照顾父亲、孝敬父亲，如何营造一种更舒适的环境让他感受到生活的美好，如何把自己的事业做得更好、更成功，这是父亲最乐意看到的。但一切都晚了，一切都成了泡影。事与愿违，子欲养而亲不待。在2007年的夏天，父亲突然一病不起。我们一家陪父亲去北京找专家会诊。儿子永远不能忘记医生为父亲抽脊髓做活检的情景。看着父亲紧蹙双眉、紧咬牙关的痛苦表情，这一针如同扎在儿女的心头，眼泪直往心里流。几天之后诊断结果出来，一位年轻的医生把我们叫到一边，悄悄地讲道："你父亲疑似患上了神经系统变性病，病因不明，目前无法治愈。"当时儿子完全没有心理准备，一下子就蒙了，整个身体像被抽空了一样，根本不能接受这个现实。一向独立的儿子，原以为自己已经有能力撑起这个家。然而就在那一刻，才真正意识到，这个家不能没有父亲。父亲对于我们是如此的重要，他是指引我们不断前行的引领者，他是我们这个家的中心和精神支柱。

在父亲生病的那些日子里，以及他走后的这段时间里，我们想了很多很多。父亲一直就是我们生命里的一个标杆、一面镜子，他的人品我们只有崇敬仰视。虽然我们还达不到他做人的标准，却一直心向往之。透过父亲这面镜子我们看清了自己，认知了自己。在父亲生前我们所做的一切努力，都是为了使镜中的自己好看一点，以获得父亲的认可。今后我们还会高擎这面镜子，用它来时时对照自己。我们只能不断修正自己，让我们做一个像父亲那样有良知、有操守的人。

父亲已经离开我们三年了，父亲的一生是光明磊落的一生，他无愧于他的职位，无愧于这个时代，他给所有接触过他的人传递了正能量。鲁迅先生曾写过一篇文章《为了忘却的纪念》，我们想，对父亲最好的纪念是继承，是把他的优良品质作为传家宝一代代继承下去。

爸爸，儿女永远怀念您！

不尽的思念

张晓明

我的四叔张乐岭离开我们已经快三年了，不尽的思念让我难以释怀。和叔叔相处的点点滴滴仿佛就在昨天……

叔叔是少小离乡老大没有归的人，他还在济南的英雄山上，日日夜夜地俯瞰着山大，俯瞰着泉城，眺望着黄河，至今还没有回到生他养他的小山村，陪伴我的爷爷、奶奶。爷爷、奶奶一生共养育了四个儿子一个女儿，叔叔是兄弟姊妹中最小的一个。我爷爷张淑孔在村里是一位德高望重的老人，在我们老家——革命老区徂徕山，方圆几十里都知道他有两个儿子在山的外边：一个是我的爸爸——我四叔的二哥，解放前，在山上放着羊就当兵参加了革命，在部队上是个“官”；另一个就是我的四叔——张乐岭，考上学去省城的大学里当了老师。他们为我的爷爷增添了无上的荣光，爷爷的脸上天天荡漾着幸福的笑容。遗憾的是，爷爷在上世纪70年代就过世了，他老人家哪里知道，他的小儿子——我的四叔太给他老人家争气了，谱写了家族史上空前的最炫丽辉煌的一章，成了我们老家泰安市岱岳区化马湾乡王家庄这个小山村走出来的最有学问的人、最大的“官”，可父老乡亲又都知道他是一个没有一点架子的“官”。本家本村的人，只要有困难找到他，不管是来省城看病的，还是孩子上学没钱的，还是来打工的等等，他都会尽全力给予帮助。听我爸爸、妈妈和老家人常讲，叔叔从小就聪明好学，一路走来考进山大，赤手空拳“官”至山大党委书记，是一个真正的“布尔什维克”。他虽然没有经历血与火的战争洗礼，但在和平年代他的的确确是一个时代的骄子，是我们家的骄傲，也是我们村的骄傲。

记得小时候常听妈妈说，长大了上学就要向你小叔一样，好好学习，考上山大。这也是在我记忆中对叔叔最早的记忆。大概是在我三四岁的时候，也就是 1967 年或者 1968 年夏秋季节的一天早晨醒来时，看见了一个笑容可掬的青年人，妈妈说让你小叔抱你去撒尿吧！这一幕一晃快 50 年了，至今还留在我的记忆中，永不磨灭。那个时候，我的父亲“三支两军”在辽宁省辽阳市仪表厂“支左”，小叔是去黑龙江大学婶子处特意来看望我们的，这就是我记忆中最早见到的我的四叔。时光飞逝，上世纪 70 年代“林彪事件”发生时，空军是重灾区，空一军更是重灾区中的重灾区，爸爸离开了他理想起航的部队，离开了他战斗工作了 20 多年的部队。由于爸爸是建国前参加革命的，因此才能按当时的政策回到生他养他的故乡——泰安。

记得回到泰安后，我已经上了小学一年级。直到我高中毕业，听妈妈最常讲的一句话就是“像你小叔一样，好好学习，考上山大”。叔叔是妈妈为我从小树起的学习榜样。在我中小学时代，尤其是小学四五年级以后，几乎每个暑假我都在山大叔叔、婶子的家里度过。这个时期是我一生中最快乐的时期，每年都盼望着这个假期的到来，能去山大叔叔家，能去山大老校洪楼游泳池游泳，能和晖妹、昕弟一起玩，还能和“欺负”过昕弟的那些“大孩子”理论理论、练一练，那童年、那少年真是太快乐了！这个时期叔叔和婶子培养了我一生中最大的兴趣和爱好——看党史、军史。那时候，除了玩，叔叔婶子还给我安排了两个“任务”：一是每天领着晖妹、昕弟去山大院内的菜店排队买菜，但经常买不到，在我记忆中最深刻的是有一次没有买到菜，婶子中午炒的西瓜皮，一家人也吃得其乐融融，也许这就是革命的乐观主义吧！二是剪报纸。由于叔婶都是学习研究中共党史的，他们让我把报纸上所有纪念老一辈革命家的文章都剪下来，整理装订起来。我在部队的大院里长大，受过部队的熏陶，在剪报纸的过程中，自己逐渐对中共党史、军史发生了兴趣，最后发展成了爱好。直到今天，我仍旧对中共党史、军史情有独钟。家里书架上，这方面的书籍占了绝大部分，现在还在订阅集中反映老一辈革命家较多文章的杂志《纵横》《党史博览》《炎黄春秋》。大概是在小学阶段我就在叔叔家看完了“文革”前出版的《红旗飘飘》1～10 集、《星火燎原》1～10 集，正是看了那么多党史、军史，看了那些元帅、将军的成长史，培养了我长大从军的理想和梦想。上世纪 80 年代初期，我高中毕业后，真的梦想成真，穿上了绿军装，又走进了自己从小熟悉的军营。当我把我入伍的消息写信告诉叔叔婶子时，大约不到三四天就收到了叔叔饱含深情的回信。记得叔叔告诉我：“尤其是像你这样的独生子（在我出生的 60 年代，一个孩子的家庭是很少的），你爸爸妈妈能舍得让你入伍当兵，对我们（叔叔、婶子、晖妹、昕弟）来说是个惊喜，你一定要好好珍惜你的军旅生涯。虽然你没有考上大学，能入伍当兵也很好，上大学不是青年人唯一的选择，在部队这个大学校一样能成才。”在我当兵期间，叔叔已经走上了领导岗位，还经常写信关心我的军旅生活，关心我的成长进步。其实叔叔这个时期正在组织山大学生开展风靡全国的“战士在我心中”的活动，去中越边境慰问前线将士。在这个活动中，叔叔和济南军区首长都很熟，为了我的成长进步，像打打招呼这种在外人眼里看似很正常的事，叔叔却没有，因为他从不是一个利用公职而徇私的人。三年中，在叔叔和亲人们的鼓励下，我多次受到部队嘉奖，特别是光荣地加入了从小热爱、向往的中国共产党，成为老乡战友中的佼佼者。退伍回到泰安参加工作后，叔叔还是一如既往地关心关怀我的成长进步，只是标准更高、更严了。我由一名一般工作人员逐步走上了县级干部领导岗位，其间尽管叔叔有好多学生在泰安市级干部领导岗位上任职，但叔叔却从没有为我的提拔晋升找过他们。然而，叔叔对我的培养教育功不可没，我会永记心间！

我的奶奶是一位非常慈祥的老太太，她勤劳、朴实、善良，是典型的贤妻良母。在她老人家90岁高龄以后的岁月里都是在叔叔家度过的。每次去济南叔叔家看她，她都是衣着整齐，笑容满面，一看就是一个幸福指数很高的老太太。叔叔常说家里有一个你奶奶这么大岁数的老太太多好啊！一个“多好啊”，向我们传递和表达了叔叔对奶奶无限的爱！奶奶最后以96岁的高龄告别了这个世界。从奶奶在叔叔家发病去齐鲁医院抢救，到她老人家驾鹤西去，不到两天的时间，奶奶始终处于昏迷状态，她老人家走的时候很安详，叔叔婶子含泪亲自给奶奶穿上了寿衣，奶奶就像睡着了一样。奶奶五世同堂，在绵延一二里路的百人送葬队伍中，既有年过八旬的老人，也有头戴白帽拴红绳的第五代人，叔叔更是悲痛欲绝。写到这里我想说的是，在尊老、爱老、敬老方面叔叔又给我们晚辈树立了榜样。

如果没有叔婶对奶奶无微不至的关怀照顾，奶奶可能不会走到96岁的高龄，她老人家尽享了人间的天伦之乐，叔叔用他对奶奶的孝心诠释了中华民族的传统美德。

叔叔始终是严于律己、有情有义的人。回老家到老林地安葬奶奶时，要启用早年已修好的墓地，爷爷已经在那里等了奶奶二十多年。为了不影响耕作，在爷爷去世那年，爸爸和叔叔就在墓地原有的基础上，又向下深挖了两米多。当安葬奶奶打开墓地盖棺条石时，送葬的亲人和众乡亲无不惊讶，墓池内全是水啊，而且没有异味，老家人都说是好风水啊！虽然我们是唯物主义者，但爷爷奶奶的几十口子后人中，直到现在，要么是安分守己的农民，要么是任劳任怨、无怨无悔的公职人员，要么是兢兢业业的商界精英，没有一个是被乡亲、被同事、被业界“千夫指”的人。这也许就是好风水的结果吧！

其间，村里在墓地使用和给奶奶立碑上都强烈提出要出资，主要是考虑爸爸和叔叔在村里小学建设上，带头捐资，而且数额都在功德碑的前几位上，尤其是叔叔还协调了部分建设资金，村里总想着有个姿态表示表示，但爸爸和叔叔都谢绝了，最后都是由叔叔自己出资办理了。特别是叔叔和婶子为爷爷奶奶饱含真情、深情撰写的碑文，不仅是对爷爷奶奶一生功德的总结和赞美，更是一直教育着我们后人继承家风的“祖训”。全文如下：

双亲德泽颂

父母高风　光明坦荡　勤劳简朴　艰辛备尝　深耕易耨　持家有方

急公好义　爱国爱乡　和睦邻里　谦谨慈祥　严律儿女　自立自强

齿德俱尊　誉满山庄　宏恩好德　永誌不忘　清操亮节　吾辈弘扬

时代承传　溢馨流芳

记得奶奶去世后，每年的腊月二十九或三十，一年忙到头的叔叔坐着昕弟开的车才能回家来一次，为我爷爷、奶奶上坟，看望大娘和我爸爸、妈妈(大爷、三叔早已去世)。每年回来都给孩子们带一些压岁钱,表现出他对家乡、对亲人的深深眷恋和浓浓的乡情。也许这就是忘不了的乡愁吧!在我家里,如果没有人打扰爸爸和叔叔,他们兄弟俩或许可以静静地坐上一天,但眼睛都始终饱含着依依不舍的深情。爸爸从军时叔叔还很小,全国解放后的上世纪50年代爸爸才和家里通了信,是战争年代躲过大难没有死的人。当年在部队的爸爸曾是叔叔上大学的坚强后盾,多少年来,叔叔始终感恩爸爸,真到两人相逢时却又都默默无语,真是"此时无声胜有声"!我和昕弟常忆起爸爸和叔叔相逢时相互无言偶尔四目相对的情景,我们都感受到了他们兄弟俩那种无法用言语表达出来的真挚感情,真是太感人、太让人敬慕了!

叔叔啊,您在或不在,我们都想您!您知道或不知道,我们都忘不了您!

叔叔您永远活在我们的心中!

给我教益的长者

——回忆姑父张乐岭二三事

郭原奇

转眼间，姑父张乐岭离开我们已经两年多了，每每看到他的遗稿、相片等物件，不由得让我回忆起这位可亲可敬的长者。他虽身为教授，却虚心好学，不耻下问，谦虚待人；他虽为学校的老领导，但无论怎么也感觉不到他身上有半点“官气”，感受到的是他平和、自然、真诚和平等待人。在我们曾经一起相处的日子里，交流谈心总是在一种平易祥和、没有任何心理压力和障碍的氛围中进行，今天回想起来，不禁产生了一丝后悔，也许是终生的遗憾：若知道姑父就这样匆匆地永远离开，为什么那时的我不与他老人家多多交谈，并向他老人家多请教几次呢？下面讲讲我从小到大对姑父印象比较深的几桩小事，以示缅怀纪念。

村里来了书法家

初见姑父张乐岭，已经是40多年以前的事了，那还是上世纪70年代初的日子，我跟随祖父母住在老家的农村，而姑姑和姑父当时都是驻地曲阜的山东大学的普通教师。几乎每年春节姑父都会随姑姑回到单县老家探望我的祖父祖母。每次，他们的到来都会给我家乡的小村庄带来一丝暖意和浓浓的文化气息。记得姑父总是穿着一件中国知识分子喜欢穿的传统对襟上衣，典型的当年爱国学生的头发造型，消瘦的面庞透着书生气和谦逊的笑容。他给少年时期的我留下的最初印象终生难忘：自然得体，文质彬彬，干活勤快，孝敬父辈。记得当时村上仅有的几位"知识分子"，一听说张乐岭来了，一个个显得异常兴奋，总是与他有说不完的话，聊不完的话题，似乎张乐岭就是外来文明的化身似的。这些人说是村上的知识分子，其实，他们也仅仅是小学或初中文化程度、又有文学艺术爱好追求的年轻人。比如，我同姓远门的文珠叔叔就是当时村里的一位"秀才"，爱好文学艺术，特别是书法和美术。记得每年春节前的除夕临近，当姑父张乐岭遵照我祖母的嘱咐挥毫写春联时，文珠叔叔都好奇地在一旁欣赏，春联贴上后总是不忍离去，要对张乐岭的书法评论一番。文珠叔叔后来经常告诉我，姑父的字体是典型的正宗狂草，洒脱俊秀，对于刚刚开始学习楷书的我来说，文珠叔叔的书法评论既新鲜，又充满神奇的色彩。我暗暗下决心要向姑父学习书法艺术。也就是自那以后，我逐渐喜欢上了书法艺术，不论硬笔书法还是毛笔书法都进步很快，成为当时还是小学生的我难以割舍的业余爱好。有趣的是，我们小学语文老师王新济先生经常在村里小学组织简陋的书法比赛，我的"作品"每每获得第一名，他们并不知道我背后的启蒙老师是我的姑父和文珠叔叔。现在想来，一个人的童年和少年若遇到一位有良好修养长者的言传身教该是多么宝贵的精神财富啊！上世纪 70 年代初期，较为偏远的农村一般很少看到正规的书籍和报纸，而姑父和姑母每次回乡探亲经常随身携带的《参考消息》让我多少知道了外界的信息；姑父与姑母议论和分析国际时事时的真知灼见，则无形中影响了我一颗幼小求知的心灵。现在想来不胜唏嘘。40年弹指一挥间,我始终保持着对书法艺术的热爱和每日关注国际时事的习惯,说姑父是我的第一位文化艺术导师一点也不夸张。

“做人”的良师益友

在我人生的道德历练上,姑父有两件事令我终生难忘。一件是发生于1976年前后,当时在曲阜山大分部当教师的姑姑陪同我参观了孔子故里之“三孔”。离开时姑父骑车送我去兖州,一向沉默寡言的姑父一路上给我说了很多很多,他的话今天大都忘却了,但唯独有一句嘱咐我注意安全的话,却永远印在我的记忆深处。当时去济南的列车晚点3个多小时,姑父始终陪伴在我的身边,并给我买了香喷喷的兖州馄饨,至今那顿美食的香味我还依然可以回味起来。另一件事则发生在改革开放后的80年代,大概在1985年下半年。大学毕业后,我已经参加工作,为了深造备考,我特意请假来到了姑父姑母身边。记得在备考复习的那段时间,姑父总是热情地给我指教,凡是年轻人在学习方面的问题,姑父总是热情勉励,倾力相助,鼓励我扎实认真地复习,提醒我在学习上来不得半点投机取巧。记得当时他还在百忙之中抽空带我去向当时山大的优秀教师学习求教。与此同时,他对我的缺点也一点不遮掩迁就,批评人时还是很不客气的。80年代中期,姑父姑母人在中年,当时的工作非常繁忙,居室又很小,两个孩子上学,我的祖母又卧病在床,家务和工作常常令他难以应付。最让我记忆犹新的是,当时我在复习期间到姑父家吃饭,总是一屁股坐到饭桌旁的板凳上,毫无在长辈忙得不可开交时分担部分家务的意识,潜意识里感觉拿起筷子就吃饭绝对理所应当,对姑母的辛苦全然看不在眼里。一次,平时和蔼可亲的姑父忽然严肃地对我说:"原奇,你太不懂事了,以后还是要学着做些家务,家务看起来无关紧要,但必须学着做,不然你以后的生活就会很成问题。"当时听了姑父如此直截了当的批评,面子上很受损伤,甚至有些令我难以接受。随着时间的推移和生活阅历的不断丰富,我逐步感悟到姑父话语的分量,长者的批评毕竟对我产生了长久的触动,可以说永久的触动,正是这次姑父的批评,让我悟出了日常家庭生活的真谛:懂得对亲人、朋友和他人劳动的珍重,懂得理解和感恩,劳动不仅包括本职工作,家庭生活中的相当一部分实际上也是劳动。一个拥有完整人格的人不应是衣来伸手、饭来张口的家庭成员,其实分担家务也是分享劳动成果和释放家庭挚爱的具体行动。从此以后,在与爱人、亲人以及其他人相处中,我尽量主动从他者的角度考虑问题,一通百通,进而以实际行动分别人之忧。后来,我逐步理解了以身作则的姑父,其实他要求我做的,恰恰是他自己身体力行的:他虽然当时已经身居学校的领导岗位,但回到家里,全然没有领导的派头,一会儿为我的祖母端饭、倒水、喂药,一会儿出去买菜……忠实合格地扮演着一个闲不住的"家庭妇男"的角色,姑父的这个好习惯一直保持到他得病前夕。

中国优秀传统文化的拥趸

姑父做领导那么多年,却少有思想僵化和保守的框框,对于人类文化的优秀成分,不论中外,他都表现出一种容纳、开放和吸收的态度。他对中国历史各家学说,以及中国历史方方面面的知识都怀有强烈的求知欲和呵护意识。那是在2000年秋季的日子，我尚在古都西安从事外事翻译工作。由于工作的缘故，我对古城西安的历史文化还是有所了解的。记得那年，刚从学校领导岗位上退下来的姑父受教育部委派，前往西安交通大学指导学校党的作风教育工作。繁重的工作之余，我在与姑父的聊天中发现，他话语中流露出对古城历史文化的浓厚兴趣。为了满足他的这个愿望，我便利用周日休假，陪同他参观了陕西历史博物馆以及咸阳博物馆、唐代乾陵的西线古迹。所到之处他全神贯注，不放过任何一个重要的古代遗迹和重要文物，他问的问题之细致、专业，让我这个从事外事翻译的工作者简直有些难以招架了。特别是在咸阳历史博物馆，姑父对每一件出土文物都认真审视，仔细阅读每件文物旁边的解说，不断向我提出相关问题。在参观途中，他一方面表现出对关中地区灿烂历史文化资源的由衷赞叹，另一方面又不断对唐朝文物所蕴含的丰富中华文化文明信息作了自己的点评和分析。看得出来，姑父喜欢祖国古代文化是发自内心的，这让我想起姑姑曾经跟我说过，姑父任学校主要领导时总是对历史人文学科悉心爱护、认真扶持，今天看来一点也不觉得奇怪了，这可能就是姑父这一习惯与偏好的一种生动体现吧！西安作为历史古都，令姑父热爱神往，他在西安了解汉唐历史和参观汉唐文物时与我谈了很多参观感悟和随想，可惜很多谈话的具体内容细节我已经淡忘了，但他对汉唐历史文物带给后人的三点见解至今令我难以忘却：一是在参观汉茂陵博物馆时，对汉朝青年将领霍去病的评析。他认为，霍去病现象说明了汉朝武帝选人不拘一格，不拘年龄，这也是大汉中兴的因素之一，是值得今天借鉴的；二是汉代"马踏匈奴"石刻反映了汉代艺术的大气磅礴之气象，说明我们中华民族的祖先伟大的创造力和丰富的艺术想象力，同样给后人以深刻启示；三是姑父对我国盛唐文化的自信和政治上的大气开明有独特见解。他认为，开放、开明和大气的政治环境是产生我国盛唐气象的基本因素。尤其汉唐时期的优秀人才观对我们今天不拘一格选人才都具有历史启示意义。我想，这也许是他在山东大学工作期间善于和敢于保护、鼓励学术人才以及学术发展的原因所在吧！

令人尊重的学术研究者

姑父退出校领导一线后，集中进行学术研究和博士生的教学指导工作，对学术问题充满了浓厚的探索兴趣。我甚至有这样的感觉，与其说他像一个从事多年领导工作的教育官员，倒不如说他更像一个严谨执着的学者来得更为准确。在 2003 年至 2006 年期间，姑父在与我的交谈中，不时涉及学术和教学问题，我感受到了他对学术问题的强烈关注、对终身学习与研究的浓厚志趣，以及对年青一代学子的真诚关心。在他的言谈话语中，他总是表现出对大学教师工作的尊重。一次，他对我说，大学教师工作是一件非常高尚的职业，是高等教育最重要的一个环节。搞教学、做研究看似平凡，实则对国家高层次人才的培养、各高端领域的长远可持续发展很有价值和意义。后来，在与他深入交流中，才逐步认识到姑父上述见解的内涵。是的，国家各领域的可持续发展，没有高水平和扎实的高等教育是不可想象的。此外我还发现，姑父对学术研究持有一种兼容并蓄和宽容开明的态度，对各家学术观点，他首先认真了解和倾听，然后自己亲手查阅相关的详细信息和资料，做深入的研究分析，最后再下结论。一次，姑母对我说，姑父为了准备博士生课教案经常通宵都在伏案工作。姑父对新的学术观点和动向十分关心。给我印象比较深的一次是，我与他探讨了“市民社会”理论和佛教文化等问题。就市民社会理论问题，他认为，这个理论对我国的公民社会建设和社会管理工作都有借鉴价值，国家不可能也不应包办一切，能让社会自我管理和自己解决的问题，就尽量放手让社会去做，这样既减少了政府腐败和治理成本，又优化了政府的服务职能和社会工作的质量，何乐而不为呢？姑父对正常的宗教持有一种宽容态度，他认为宗教是一门博大精深的信仰体系和学问，不应轻易否定，对此问题应认真加以研究。同时，宗教也有其独特的社会道德教化功能，如果党和国家对宗教的政策制定和执行得当，宗教不但不会危害社会，相反，还能对我国的社会稳定以及人民的道德水平提高起到良好的正向作用。姑父的这些见解和观点至今依然萦绕在我的脑海。他对高等教育的教学工作和学术研究的那份热情和期许更令我终生难忘。

一个人，后人景仰即不朽，活在人心便永生。

永远怀念我的姑父，他永远是我学习的榜样！

永远的微笑

郭原珍

转眼间，姑父张乐岭去世已经三年了，回想起来感觉他从未走远，好像还生活在我们身边。他仍然会笑呵呵地看着我，轻轻拍下我的肩膀："原珍，干得怎么样了？"音容依旧，心痛如锥。在多数人眼里，姑父是位大学领导、著名的党史学者，是德高望重的人，但在我眼里，姑父却是一位真诚可亲的长者。时光荏苒，每当我想起姑父的时候，浮现在眼前的总是他那爽朗的笑容。

我从小在山西太原长大，离济南较远，直到1975年我才第一次见到姑父，那年我14岁。暑假期间我一个人到姑姑家探亲，从太原坐上闷罐似的绿皮火车十几个钟头来到济南。当我拖着疲惫的身躯走下站台的时候，远远看见一个穿着白衬衫、身材瘦削的中年男子正笑微微地注视着我，他就是我的姑父张乐岭，那天只有他一个人来接站。虽然我是第一次见姑父，但他的微笑和亲切的问候立刻给了我温暖，让我感受不到任何拘束。上世纪70年代的济南老城是朴素而美丽的，天很蓝，到处是低矮的建筑。穿过经三纬一的小街小巷，在户户垂柳的泉城甬道上，姑父骑着一辆二八式旧自行车，把我从还是德式钟楼的济南老站接到山大新校的家里。我坐在他的车后座上，望着马路两侧缓缓而过的老房子，看看他那坐在车座上高耸的脊背，心里有种说不出的踏实和好奇。住了20多天，走的时候还是姑父用那辆旧自行车送我去的火车站。直到今天，我依然清晰地记得坐在姑父车后座上，看着路边稀稀落落的行人从身边走过的情景。姑父在站台上挥手告别的笑脸，已成为我一生难忘的记忆。

高中毕业之后，我再次来济南投靠姑姑，进入山东大学的中文系电大班学习，其间就住在姑姑家里。那时姑姑和姑父都是普通的教职工，家里有两个小孩，还有两位老人需要照顾，一家六口挤在一套四五十平方米的宿舍里，每天都有忙不完的事情。但是我住在他们家的那段时间里，始终能感受到一种浓浓的亲情。特别是我的姑父，他待人亲切，总是一副笑脸，这笑容毫不做作，是一种自然而然的流露。后来姑父被调到山大的管理岗位，工作应酬变得多起来，在我的印象里，他总是一副脚步匆匆的样子。可他仍旧像第一次见面一样，还是那样亲切，还是那张笑脸，没有一点官架子。姑父对待家人，对待学生，对待亲友的态度始终如一，无论自己处在什么位置，无论对谁，总是表现出一份真诚，从未见他对谁有过一丝一毫的轻慢。

姑父的老家在泰安山区，当时还很贫穷，他算是村里走出的最有出息的人了。农村有着浓郁的乡土人情，乡亲们遇到什么困难都会来济南找姑父帮忙，到他家拜访的人总是络绎不绝。姑父一家对待乡亲可以说是情深义重，总是尽自己所能帮助人家，不论关系亲疏绝不冷落任何一个人。每次送客人出门的时候，姑父都要把乡亲送到楼下，一定做到礼数周全，生怕人家觉得被瞧不起。姑父做事又是极讲原则的，他无论为家人还是为乡亲办事从来都是公私分明，绝不会滥用学校赋予的权力，更不会托关系走后门。为别人做事也不图什么回报，他做的一切都是出于一种责任感，他觉得这是在尽自己做人的本分。

上世纪90年代，邓小平南方讲话以后，全国掀起新一轮的创业浪潮。我也是个不安分的人，不喜欢按部就班地做事，于是辞掉老家的工作打算来济南闯一闯。当时家里人并不支持我的想法，觉得一个女孩子还是找份稳定工作比较好。但是姑父却不这么看，他对我一直很支持，觉得我是在做一件有价值的事情。创业需要启动资金，我找父母借钱，他们不敢借给我，实在没有办法，只好向亲友开口。姑姑得知以后对我说，她回头跟姑父商量一下。我当时心里直打鼓，没想到姑父很爽快地就答应了。他们拿出家里的积蓄，还向同学朋友东拼西借，一共凑了10万元钱给我。那时是1995年，10万元钱可是一笔不小的数目，姑父没有担心我办企业有风险，搞不好要赔钱，他只是觉得孩子是在办正事，做长辈的理应支持。这件事深深地震撼了我，从中我也感受到一种未曾有过的信任，于是赶紧主动写下欠条，可是姑父却完全不在乎那张重要凭证。我也正是靠这笔钱办起公司来，一直稳步发展直到现在。在创业的过程中，姑父给予我的始终是支持和宽容，经常笑着对我说："小企业家又来了？"这种精神上的认可和鼓励对一个涉世不深、屡受挫折的创业者来说是何等珍贵！真是无价之宝。

退休以后，姑父终于闲了下来，从一位德高望重的大学领导变成了一位积极乐观的普通老人。我们生活在他周边的亲人都没感觉到他有什么变化，依然是亲切的笑脸，和蔼的神态。姑父生病以后，眼看着病情一天天恶化下去，记忆力也迅速衰退，很多人和事都记不清了，但他对人依然是那副暮辉暖阳的样子。医生问他话的时候他会笑微微地看着对方，竭尽所能地回答医生提的问题，虽然经常记错事情。看着姑父那始终如一的从心底流露的微笑，我却情不自禁地流下眼泪来。姑父一生操劳，为学校，为家人，为亲友耗尽了心血，他晚年突然脑神经病变可能与他身体的过度透支有很大关系，我们这些了解姑父的人无不为此感慨叹息。

姑父是在新中国红旗下成长起来的一批知识分子的优秀代表，从小接受党和马列主义教育，在他身上打下了深刻的时代烙印。姑父身上有一种发自内心的为别人着想的精神和甘心付出、无怨无悔的品格，我想这品质绝不仅仅属于那个时代。随着社会的变迁，人们对许多事情的看法也在发生变化，但是，我相信这个世界上有些东西是永恒的。姑父珍贵的品行、永远的微笑，是他一生与人为善，对人真诚的自然流露，是人性的光辉，时间是带不走的。他永远温暖着我们，指引着我们。

追忆就是为了怀念

——追忆姨父张乐岭

刘国平

姨父去世快三周年了，我是一个对过去的人和事刻意忘却的人，不想沉溺过去，可坐下来回忆起姨父时，从第一次见到姨父一直到送走姨父，他的音容笑貌仿佛就在我的眼前，栩栩如生。记忆的闸门一旦打开，太多的思绪，太多的记忆，点点滴滴接踵而来。

记得第一次见到姨父是在1985年，那时我刚上一年级，随妈妈来济南看望卧病在床的大姥姥，当时任职山东大学宣传部长的姨父恰好带领学生去老山前线慰问部队战士了。我还从未见过姨父。一天，我出去玩回到姨父家里，看到一个又高又瘦的中年男子正和姨妈、妈妈围坐在大姥姥的病床前说话。这人看见我，笑着说："这就是国平？都长这么大了！"说着就把我抱了起来，妈妈让我喊他"姨父"，我才知道她就是未曾谋面的姨夫。他给我掰了一只香蕉，那是我第一次吃香蕉。姨父的声音很好听，人也不严肃，我一点也不怕他。那时候，记得最多的就是姨父下班后，总是笑着用手摸摸我的头，说声"小国平"，然后便去厨房帮我姨妈做饭去了。

第二次见到姨父，是1996年暑假。姨父给我开的门，映入我眼帘的他已经是灰白的头发了，也比童年记忆中白了些，胖了些。声音还是那样，有点细，很好听的那种。十年不见，我不再是那个蹦蹦跳跳的小姑娘，而是一个高中生了。我已经认不出他了，但是还是礼貌地说："我是国平，您是姨父吧?"他一边让我进门，一边高兴地喊我姨出来。在姨家住了半个月，在这半个月中，姨夫给我印象最为深刻的就是他每天傍晚会在山大校园里散步。我们在校园里边走边聊，姨父和姨还聊一些学校里的人和事，他们的同学现在发展得怎么样，生活得怎么样等。这期间，有时候能碰见他们的同事，就打个招呼，一块散步。那时候的姨父是山大党委副书记，和同事打招呼就和在家里和我们说话一样和气。在一次散步时，姨父开玩笑地说："两年后看看我和你姨能不能在这儿迎接你上学……"我姨借机就教育我学习要努力、刻苦。我也暗下决心，自己一定要好好学习。我想，在高一结束后的这个暑假来济南，是感触最深的一次，也使我确立了明确的学习目标。姨父从来没有给我长篇大论地教诲过，我受到的影响是潜移默化的。我喜欢姨父的温文尔雅，喜欢姨父和姨妈共同组成的和睦、互相尊重的家庭模式。姨父和姨妈总是以他们独特的人格魅力来感染我，用他们自己的待人处事方式折服我。

小时候，我对姨父的感觉是一种敬畏，是一个小孩子对大人的一种敬畏；长大后，是一种敬重或者说敬仰。我也知道姨父是来自大山里的孩子，能做到现在的成就，其中要付出多少努力可想而知。现在的我对姨父的感觉是一种敬爱。2001 年 10 月，我去烟台上学，从老家到菏泽，再从菏泽倒车去济南。本来姨妈已经给我买好了从济南到烟台的火车票，可是我却坐车误点了，从山大北门下车，拉着行李走到到姨家的宿舍区时，已经晚上 10 点了。当时天气已经转凉，树叶在路灯的照耀下，洒在地上都是斑驳的影子。姨父正在树下走过来走过去，一看见我就高兴地小跑过来，接过我手里的行李箱说:“你个小丫头,可到家了,我和你姨都急得不行了。走,赶快回家,饭都凉了。”那时候的他已经60多岁了,头发全白了。姨父在前面拉着我的行李箱,我在后面跟着,眼睛里都是我勉强抑制住的泪。当时的姨父就像一位父亲一样,焦急地等着晚归的女儿。我从没有对别人说过这件事,也没有和姨妈说过,我就是这样一直一直记在心里。

姨父生病期间,在病房看到的他,已不能再笑呵呵地温言细语,而是毫无知觉地躺在病床上。我出了病房已泪流满面。

送别我敬爱的姨父后,我一直不提,不敢回忆,不是忘记了,而是不敢回想。

只愿他老人家安息!

亲情源自点滴中

——忆我的乐岭舅舅

孙　玲

我的乐岭舅舅去世已经三年了，时间已经冲淡了悲伤，可和舅舅一起生活的点点滴滴却时常出现在我的脑海，那种平常日子现在想来却显得异常珍贵，他对我那父亲般的关爱和影响使我觉得他从未离开我。现在想写一下我舅舅，一是为了告诉我的孩子她曾经有这样一位正直善良的姥爷，更是为了提醒自己也要做这样的人。

我有四个舅舅，乐岭舅舅排行老小，因为与其他三个舅舅接触很少，因而没有很特别的印象，而对乐岭舅舅有较深刻印象是我大约七八岁的时候。记得是在在某一年的冬天，我在姥姥家，乐岭舅舅回来了，那时特别冷，我穿着棉鞋，还垫了一双红色的鞋垫，鞋垫掉色，把我的脚底染红了。晚上洗完脚爬上床时，舅舅看见了我被染红了的脚底，用手攥着我的脚惊讶地说："丫头，你的脚怎么了?"我感觉到舅舅的手很温暖，从那时起，我就觉得我这个舅舅是个温暖的人，是个让人愿意亲近的人。也是从那时起我就特别在意我这个乐岭舅舅了。

再往后，乐岭舅舅给我的印象就是他像一只大雁，每年在固定的时间回来。因为舅舅的生日是腊月二十八，所以他每年都赶在他生日前回老家，陪姥姥一起过他的生日。从省城回姥姥家要经过我家，所以舅舅每次回家也来我家。他总是风尘仆仆的，但脸上总带着微笑。每次他都给我们带点吃的，有时也带些礼物。印象最深的一次是他给我们姊妹四个每人一顶毛线帽子，那时在农村戴毛线帽子算是很时尚的了，所以那顶帽子我珍藏了好多年。

1993 年我来到了济南，来到了乐岭舅舅的身边。在后来近 20 年的时间里我都生活在他的身边。那时舅舅给我的印象是随和的、节俭的，我从没见到他对家人疾言厉色，对接到济南来生活的我的姥姥更是关怀备至。记得那时舅舅家里有辆 28 型的大自行车，虽然已经很破旧了，但还很结实，舅舅经常用这辆自行车载着姥姥到校园里玩。后来那辆自行车丢了，舅舅还去各个楼道找，最终也没找到，心疼了好几天。

那时舅舅的工作还不是很紧张，有时晚饭后会陪我舅母打游戏，那时玩得最多的是“打坦克”。他们两人坐在前面玩，我和姥姥在后面看，有时我还对他们来个“技术指导”。有时一家人坐在一起看电视，姥姥看不清屏幕就会说些她想象的东西，经常把我们逗得哈哈大笑。偶尔我们也会一起打打扑克。我刚来济南的时候，是舅舅比较轻松的时候，后来他忙了，我们就很少一起玩了。

舅舅不仅在生活上对我关心，学业上也不放任。记得我用到济南后领到的第一个月的工资买了毛线，想给姥姥织件毛衣，结果舅舅看见了就很严肃地对我说:“姥姥的毛衣可以花钱买，你把时间浪费在织毛衣上太可惜了，你可以学点有用的东西。”在他的“胁迫”下，我报了电脑班，学会了用五笔字型打字，还帮我舅舅打印了一本书稿，也算没白学。

舅舅和舅母都很勤奋，记得有一年暑假，舅舅和舅母为了写一本书，每天在办公室里加班，中午也不回家，我就给他们送点午饭，他们吃了休息一下再接着写。几乎整个暑假他们都是在办公室里写书度过的。

舅舅是个做事非常认真的人，无论是工作还是生活上，他都一丝不苟，就是每天晚上脱下的衣服也是叠得整整齐齐放在床头。在工作时他更是严格要求自己，宁可自己不睡觉、不吃饭也得把事情做到最好，所以他比别人花费更多的心血。这种性格我说不上是优点还是缺点，我想他后来的病与他有一段时间没日没夜地工作不无关系。

我舅舅的这种要求完美的个性表现在生活上我都觉得可爱。舅舅喜欢摄影。记得有一年冬天的早晨，好像是寒假，下了好大的雪。吃过早饭，舅舅便邀上舅母和我一同去校园拍雪景。先是舅舅给我和舅母照，他特认真地拿着相机，我和舅母则做好了动作和表情等我舅舅照，就看我舅舅拿着相机对着我们喊"一、二……"但看他在那里认真地调着角度，就是不喊"三"。一会儿他又喊"一、二……"又开始照了，我们又做好动作和表情，他还是没喊"三"。就这样反复了好几次，我和舅母实在忍不住都笑喷了，我舅舅还在认真地调角度和焦距，我说："舅啊，你太浪费我们的表情了！"舅舅也笑了。看我舅舅认真得多可爱！现在想起当时的情景我还是会笑出声来。舅舅虽然喜欢摄影，但他大都是给我们照。现在翻翻相册，舅舅的照片真是不多，他在时我还没意识到，现在想想，是不是我们对他太忽视了？

我对舅舅最遗憾的是，在他意识好的时候没有拥抱过他。记得我刚结婚时，"回门"回到舅舅家，当我进门看见舅舅时，觉得我在舅舅、舅母的关心下长大了、成家了。当时其实特别想拥抱一下舅舅，可在传统观念里长大的我没好意思，也怕吓着舅舅就忍住了。和舅舅生活了那么长时间，我竟没拥抱过舅舅一次，现在想抱了可已人去楼空，无从可抱了，这是我此生的遗憾。

结婚以后回舅舅家的时间就少了，可舅舅家是我的能量场，每当我心情不好或是有什么解决不了的事情时，我就到舅舅家，和舅舅、舅母说一说，听听他们的建议，然后好多事情便会迎刃而解，心情也会随之愉悦起来。

也许是对舅舅的那份信任，舅舅说的话有时会一下子让我顿悟。记得我怀孕快生孩子的时候，就感到特别紧张害怕，就觉得孩子怎么能生出来呢？我告诉舅舅我害怕，舅舅说："瓜熟蒂落，这是自然规律，有什么好怕的。"我听了一下子就安心了，就是啊，这是自然规律，有什么好怕的，这时居然觉得自己可笑了。

后来因为孩子上幼儿园，我搬了好几次家，每搬一次家，舅舅和舅母都去看看，看看我生活的环境，嘱咐一些生活细节。我想，孩子生活得好，当父母的也安心，他们正是用当父母的心来关心着我、照顾着我。

后来舅舅病了，我老觉得他的病是意外，因为他平时身体很好，走路稳健有力，而且很快，每次和他一起走，我得小跑才能跟上他。但后来的病情以出乎我们意料的速度向坏的方面发展，没给我们喘息的时间。舅舅的意识很快就不清楚了，他在病床上躺了近五年。原来我认为舅舅去世我不会很伤心，因为我亲眼看到了舅舅所受的病痛折磨，可是舅舅真的去世了，我难过得不行。我曾让自己静下来仔细地想想，为什么这么伤心难过？后来我想明白了，我不是因为舅舅难过，而是因为自己难过，在我的心灵深处，舅舅是我的精神支柱，我失去了舅舅就是失去了我的精神支柱，我的精神无处依附，所以我感到孤单、感到害怕，所以我如此难过。

舅舅病倒的时候，我的孩子才不到5岁，我曾问我的孩子，对姥爷有什么印象，孩子说："只记得我在山大校园的小树林里捡小鸟的羽毛，姥爷坐在小树林的石凳上看报纸。"这是孩子对姥爷仅有的印象，虽然是这样，但我要告诉她，她的姥爷是个勤奋、温暖、善良、正直、慈爱的人，告诉孩子长大后也要成为这样的人。

舅舅陪着我经历了我人生中许多的重要节点，我从不觉得他离开过我。我拥有和他经历的点点滴滴，这些点点滴滴让他永远留在了我身边。

后　记

2014年10月19日是张乐岭先生逝世三周年的祭日。在这个令人悲痛的日子到来前夕，张先生的亲属、师友以及他的学生们都不约而同地思考着同一个问题，即以什么方式才能够更深切地表达对这位老教育工作者的怀念之情。在先生离去的一千多个日日夜夜里，人们总觉得先生仍然活在他们中间，他的音容笑貌常常浮现在眼前。乐岭先生自1961年夏迈进山大校门，从读书、任教，直至后来走上山东大学的管理岗位，几乎把半个世纪的时光，即他的终生事业都留给了山大。他勤奋好学，工作踏实认真，作风正派，待人和蔼可亲、平易近人……他的诸多优秀品质给人们留下了深刻印象。凡是熟悉他的人，无论是亲友、师长、同学、同事还是学生，无不为他的人格魅力所叹服，他们为张先生的过早离世而感到痛惜。于是，他们便提议将对先生记忆中的点点滴滴，不拘形式，用文字表述下来，并由我们编写小组汇集成册。

编写邀请函发出后，立即得到了众多先生生前好友、师长、学生等各界热心人士的赞同，并积极参与。这个集子的作者中，有七八十岁高龄的老人，也有正在岗位上身兼数职拼搏忙碌的先生的学生和晚辈，他们不辞辛劳、不惜笔墨，满怀深情地写下了对先生深切的怀念，字字句句令人感动。时至今日，在大家的共同努力下，这本饱含对先生无限深情和怀念的纪念文集终于和大家见面了。我们认为，以这种方式追忆先生的脚印和身影，既可缅怀逝者，也能启迪后人，应是对先生最好的追思和缅怀。对此，先生的家人和编写组向大家表示诚挚的感谢！向山大出版社的编辑人员表示诚挚的感谢！另外，书中纰漏疏忽之处在所难免，请给予指正。

《忆乐岭》编写组

2015 年 12 月 1 日